An Illustrated Guide to
Enjoy Indoor Plants
for Beginners

Let's enjoy Indoor Plants

選び方・育て方の
コツがわかる！

観葉植物を
楽しむ教科書

佐藤桃子［監修］

ナツメ社

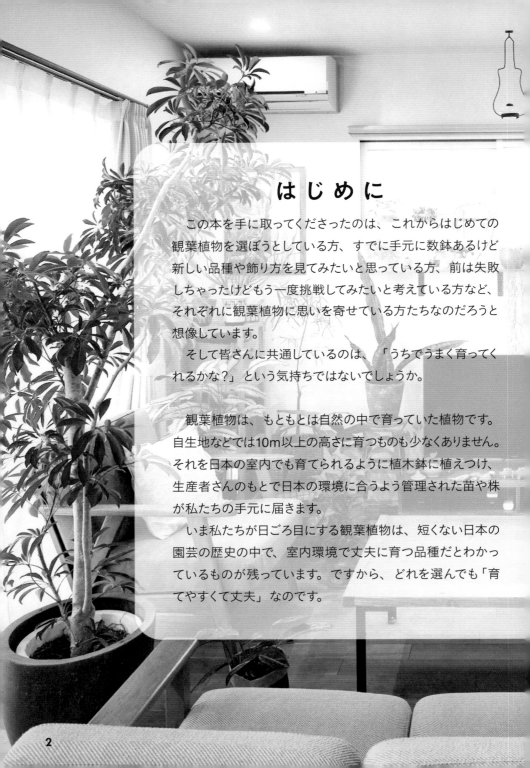

はじめに

　この本を手に取ってくださったのは、これからはじめての観葉植物を選ぼうとしている方、すでに手元に数鉢あるけど新しい品種や飾り方を見てみたいと思っている方、前は失敗しちゃったけどもう一度挑戦してみたいと考えている方など、それぞれに観葉植物に思いを寄せている方たちなのだろうと想像しています。

　そして皆さんに共通しているのは、「うちでうまく育ってくれるかな？」という気持ちではないでしょうか。

　観葉植物は、もともとは自然の中で育っていた植物です。自生地などでは10m以上の高さに育つものも少なくありません。それを日本の室内でも育てられるように植木鉢に植えつけ、生産者さんのもとで日本の環境に合うよう管理された苗や株が私たちの手元に届きます。

　いま私たちが日ごろ目にする観葉植物は、短くない日本の園芸の歴史の中で、室内環境で丈夫に育つ品種だとわかっているものが残っています。ですから、どれを選んでも「育てやすくて丈夫」なのです。

　私は農家さんからこの話を伺ったときに、これから観葉植物を育てる方には必ず伝えたいと思いました。機会があればお話ししています。プロに「大丈夫！」と言われると、少しほっとしますよね。ですから、まずは安心して気に入った植物を手に取ってみてください。

　とはいえ、丈夫な観葉植物もほったらかしではダメです。しっかり育てるには、押さえておくべきポイントがあります。
　本書では、置き場所や育て方など基本的な知識はもちろん、種類ごとの育て方やトラブル解消策をたくさん盛り込みました。
　また、選び方や飾り方などの楽しみたい部分にもボリュームをもたせた内容にしています。植物との暮らしを上手に楽しまれている方の実例写真は、植物の生長を想像しながらゆっくり眺めるのにピッタリです。

　この本が皆さんの植物ライフを豊かに、充実したものにしてくれる手助けになれば幸いです。
　お手元にやってくる植物が元気に育ちますように……。

AND PLANTS 佐藤 桃子

CONTENTS

第2章 観葉植物と長くつき合うために

観葉植物
プロローグ

観葉植物は室内で育てられる植物ですが、
そもそも観葉植物ってどんな植物？
どうつき合って、どう育てたらいいの？
まずは観葉植物を知ることから始めましょう。

観葉植物って
どんな植物？

室内で楽しめるグリーンとして人気の観葉植物。ひと鉢あるだけでリラックスした空間をつくり出し暮らしに豊かさをもたらしてくれます。観葉植物とはどんな植物でしょうか？

Q 観葉植物ってどんなもの?

A 葉や姿を観賞するための植物です

　観葉植物はおもに「葉の色や模様、形を観賞する」ことを目的として育てられた植物です。インテリアアイテムとして扱われることが多く、鉢植えにして室内で育てられることがほとんどです。

　観葉植物の自生地は、熱帯・亜熱帯地域が中心で、ジャングルの中の木漏れ日などでも育ちます。そのため、直射日光の当たりにくい室内でも栽培できる性質をもつのが特徴です。

Q どんな種類があるの?

A 樹木のようなもの、葉が美しいもの多肉性のものなど種類はさまざまです

　おもに熱帯・亜熱帯の気候で育つ観葉植物ですが、太陽の光を十分浴びて大きく生長するもの、大木の下の少ない光で育つもの、雨季以外は乾燥した場所にいるものなど、さまざまな環境で自生しており、その種類は数多くあります。

　姿形も、庭木のような樹木タイプもあれば、葉の観賞がメインのもの、多肉性のタイプなどさまざまです。自生地の環境により、育て方のポイントも少しずつ違ってきます。それぞれの性質を知って、適した場所、管理方法で育てることが大切です。

Q 屋外向けの植物とはどう違うの?

A 仕立て方や用土の種類が豊富で鉢選びも楽しみのひとつです

　同じ種類の観葉植物でも、インテリアのメインとして観賞できる大鉢から、棚の上などのすき間にも置けるミニ観葉までサイズが豊富です。また、ガラス容器に複数の株を入れて観賞するテラリウムや、泥にならず衛生的に扱える人工土や木炭などで水耕栽培を楽しむこともできます。

　さまざまな仕立て方ができ、鉢のデザインも豊富なので、インテリアに合わせてコーディネートを楽しむことができます。

観葉植物で彩りのある暮らしを

日常の中に彩りを添えてくれる観葉植物の楽しみ方や飾り方は人それぞれです。自分のライフスタイルに合わせて上手に取り入れてみましょう。

楽しみ方はいろいろ

ハンギングで

空中に吊って飾るハンギングは、植物の飾り方のひとつ。風通しがよくなるため、蒸れを嫌う観葉植物にはおすすめです。空間が有効に使えて、植物を立体的に楽しめます。

コレクションとして

植物はコレクションアイテムとしても人気があり、好みの種類やめずらしい品種を集めている人は少なくありません。並べてみると愛着もひとしおです。

窓辺に置いて

直射日光が苦手な植物でも丈夫に育てるには、多少の光が必要です。太陽光が差し込む窓辺は置き場所として最適。光が強すぎる場合は、レースのカーテンなどで調整を。

シンボルツリーとして

室内にいながら、自然の緑を感じられるのが観葉植物のメリット。大型のものなら室内のフォーカルポイントになりつつ、リラックス効果も高まります。

ディスプレイを楽しんで

ショップやカフェのように、観葉植物を使っておしゃれなディスプレイを考えてみるのもおすすめです。毎日の生活も楽しくなるでしょう。

観葉植物は光・風・水があれば大丈夫

私でも観葉植物を育てられる？　初心者や失敗経験のある人は不安に思うかもしれませんね。環境に気を配れば大丈夫です。

観葉植物は環境に順応する力を備えている

　観葉植物の自生地と日本の住宅では育つ環境がずいぶん違いますが、植物は環境が変わっても少しずつ順応する力をもっています。

　ていねいにお世話をしても冬になると葉が落ちてしまったものが、年々落葉が減ってきたということはよくあります。植物が「自分はこの環境で育っていくんだ」ということを自覚してくるのです。少しのことに気を配れば、観葉植物はあなたのお部屋でもしっかり育ってくれます。

快適な環境は
日当たりや風通しの
よい場所

　観葉植物を室内で育てるのに意識しておきたいのは「光・風・水」です。この3つの要素を植物が好むように整えればいいのです。

　木漏れ日の下で、さわやかな風が吹き渡る初夏の陽気。快適で気持ちよさそうだと思いませんか？　もともと外で育つ観葉植物もこんな環境が好きなのです。さらに、少し喉が渇いたなと思ったらおいしい水がある。これも一緒です。人間と観葉植物、最適に感じる環境は同じです。

初心者は
あえて大きめの鉢を
選ぶほうが
栽培の失敗が少ない

　はじめて買う観葉植物は、小さなサイズを選ぶ人が多いかもしれませんね。「最初から大物を育てるのは大変そう」と考えるようです。

　実は初心者こそ大きめのサイズがおすすめです。大鉢の株は、人間でたとえるなら大人の体力をもっている植物で、ある程度の環境変化や水切れにも耐えられます。逆に小さな鉢はまだ赤ちゃん株で、すぐに弱ってしまいます。失敗をしたくないと思うなら、大きめのサイズから挑戦してみましょう。

観葉植物と長くつき合うコツ

私たちに癒しを与えてくれる観葉植物。元気な状態で長く愛でたいもの。観葉植物をいきいきと育てるために、一年を通してどんなお世話が必要になるのか、押さえておきましょう。

春に備えて体力を温存する時期

休眠期は観葉植物の活動がゆっくりになるときです。肥料は与えず水やりは控えめにします。湿度が低く室内の空気が乾燥しているときは、加湿器を使ったり、葉水を与えます。

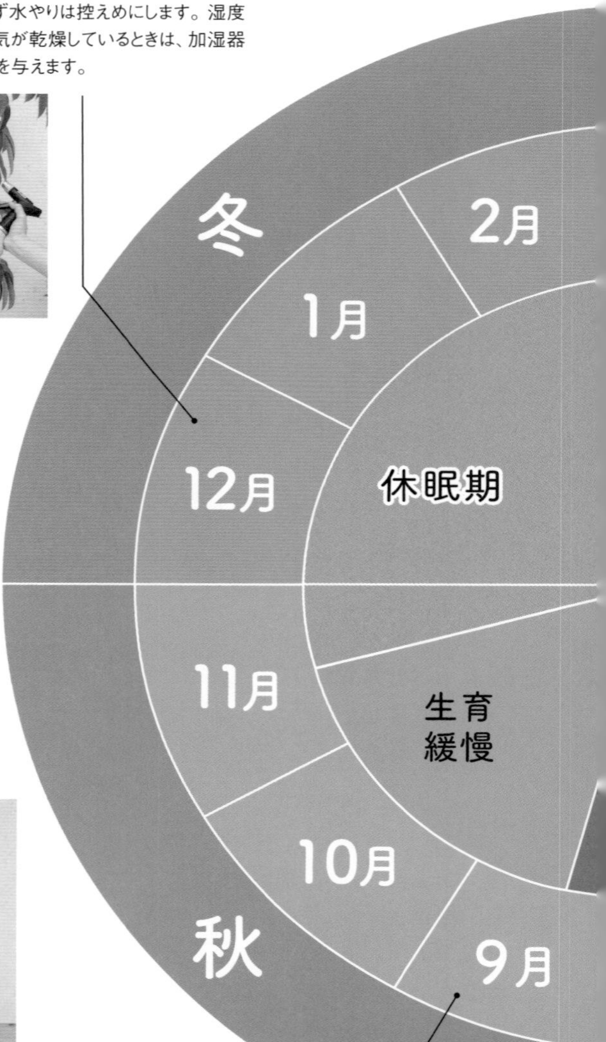

涼しくなると少しずつ活動がゆるやかに

生長が続く9月中旬ごろまでは根鉢をくずさない植え替えができます。9月下旬ごろからは肥料を控え、水やりの回数を減らしていきます。

冬

2月

1月

12月

11月

10月

秋

9月

休眠期

生育緩慢

上の図は観葉植物の平均的な生育サイクルで、植物の種類によっては異なることがあります。

〖 観葉植物と暮らすお世話サイクル 〗

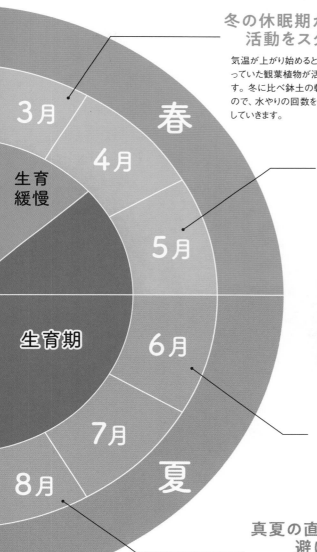

3月

4月

5月

6月

7月

8月

春

夏

生育
緩慢

生育期

冬の休眠期から覚め活動をスタート

気温が上がり始めると、冬の間に眠っていた観葉植物が活動を開始します。冬に比べ鉢土の乾きが早くなるので、水やりの回数を少しずつ増やしていきます。

生育が盛んになりどんどん生長する

新芽が動き出したら肥料を開始。水切れにも注意します。生育旺盛な5〜7月初旬ごろまでは植え替えや株分け、剪定などに最適な時期です。害虫の発生にも注意したいとき。

高温多湿を好むが長雨には当てない

雨が続く時期はベランダなどに出している鉢は室内へ入れ、雨に当たらないようにします。雨の後は病害虫の観察もしっかりと。

真夏の直射日光は避ける

夏の強光には当てないようにし、風通しをよくして、水切れに注意します。気温が30℃を超える時期は植え替えや剪定などの作業を控えます。

さあ始めよう！
＼ 観葉植物のある暮らし ／

観葉植物が少しずつ育っていく様子を実感できると毎日のお世話が楽しくなってきます。
適切なお世話を続けることでずっと長くつき合えるのが観葉植物のよさです。
次の章からは、育て方の基本知識や植物ごとの育て方のコツを紹介しています。
さあ、観葉植物との生活を始めてみましょう。

第1章

暮らしに合う
観葉植物を見つけよう

観葉植物は無理なく管理できるもの、見た目が好みのものなど
日々のお世話が楽しいと思えるものを選ぶことが大切です。
暮らしを豊かにしてくれる観葉植物の
選び方や楽しみ方のポイントを知っておきましょう。

観葉植物はどう選ぶ？

これから育てるひと鉢。どんなものを選んだらよいか、4つのポイントを紹介。

①

置き場所 で選ぶ

➡ P22

　観葉植物を買う前に最初に検討しておきたいのが、家の中の「どこに置くか」ということです。日当たりのいい窓辺か、日差しの届きにくい奥まった場所か。または、リビングなど空間に余裕のある場所か、スペースの限られた棚なのか。

　置き場所を決めることで、選ぶべき植物の大きさや性質がわかってきます。

②

ライフスタイル で選ぶ

➡ P37

　早起きが苦手な人、多忙で家にいる時間が少ない人、植物のお世話に慣れている人、小さな子どもやペットがいる人など、観葉植物とどんなふうに関われるか、どんな生活環境かによって、育てやすい植物が異なることもあります。

　自分のライフスタイルをチェックして、長くつき合えそうな観葉植物を探してみましょう。

インテリア に 合わせて選ぶ

➡ **P48**

室内で育てることが多い観葉植物は、インテリアとの相性を意識して選ぶのもひとつの方法です。インテリアにはナチュラル、エスニック、インダストリアル、和モダンなどさまざまなスタイルがあるように、観葉植物にもナチュラルな雰囲気のもの、和を感じさせるもの、シャープな印象のもの、ワイルドさのあるものなどいろいろなタイプがあります。

空間にマッチした植物なら、より楽しく育てられるのではないでしょうか。

見た目 や こだわり で選ぶ

➡ **P52**

置き場所やライフスタイルには合っている植物だけれど、なんとなく興味をもてないという場合もあるでしょう。それなら思い切って、自分の好きなものを選ぶのもあり。好みでないものを仕方なく育てるより、自分が「これだ！」と思ったもののほうが、手をかけたくなるぶん育てる喜びが大きくなるはず。

このような場合には、その植物の性質をしっかり確認し、栽培に適した環境を整え、保つことが大切になるので、じっくりお世話しましょう。

21

置き場所で選ぶ

置き場所を決めて、まず確認するのは、日当たりと空間の大きさです。
条件に合う植物を検討しましょう。

＼ チェックするのはここ!! ／

日当たり

↓

植物の
耐陰性が
選ぶポイント

空間の大きさ

↓

植物の
大きさと**樹形**が
選ぶポイント

鉢と植物の大きさの目安

　お店で見たときはちょうどいいと思っても、実際に部屋に置くと大きすぎて邪魔に感じてしまうことも。購入前に、置き場所の広さを把握しておきましょう。観葉植物の大きさは鉢の大きさ（➡ **P70**）と比例することが多いので、お店では鉢の大きさを確認して選ぶのも大切です。鉢の大きさは「号」で表します。

　植物によっては、生長スピードが早いものや、最終的に大きく育つものなど個性があります。また、縦に伸びる性質か、横に広がる性質かなどこれからの樹形をイメージして、置き場所のスペースを確保しましょう。

表示しているサイズは鉢を含めた植物の高さの目安です。

3〜4号
▶ 20〜50cm

1〜2号
▶ 10〜20cm

デスクや小さな棚に。
- アジアンタム
- チランジア・ピレア
- ペペロミア　など

窓辺や棚の上に。
- ガジュマル
- サンスベリア
- シンゴニウム など

日当たりの目安

観葉植物は室内に置くのが基本ですが、日差しの必要がないわけではありません。観葉植物を置きたい場所はどれくらい光が当たるのか、下の表で確認しましょう。

照らされた場所の明るさを示す照度は「ルクス（lux）」という単位で表します。日陰に強い植物なら500ルクス、一般的な観葉植物でも最低1,000ルクス以上の明るさが必要です。

30,000ルクス以上になると葉焼けが起きやすくなります。

光が少ない場所に置きたいときには、日陰に強い植物（耐陰性のある植物）を選びます。何もなければ明るい場所でも、大きな観葉植物と並べて置くことで日陰になってしまう場合もあります。複数の鉢を置きたい場合は注意しましょう。

観葉植物が育つ照度 ➡ 500〜2,000ルクス

屋内	ガラス越しの明るい窓辺	➡ 5,000 〜 10,000 ルクス
	レースカーテン越しの窓辺	➡ 1,000 〜 1,500 ルクス
	一般的な室内	➡ 200 〜 500 ルクス
	日の入らない室内	➡ 50 〜 150 ルクス
屋外	夏の晴天	➡ 100,000 ルクス
	夏の曇り空	➡ 50,000 ルクス
	冬の晴天	➡ 50,000 ルクス
	冬の曇り空	➡ 15,000 ルクス

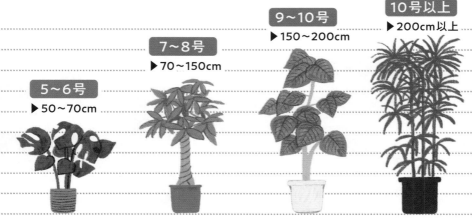

5〜6号
▶ 50〜70cm

7〜8号
▶ 70〜150cm

9〜10号
▶ 150〜200cm

10号以上
▶ 200cm以上

横に広がるものも多い。
• アスプレニウム
• アンスリウム
• モンステラ など

大人の腰〜肩の高さ程度。
• エバーフレッシュ
• フィカス　• パキラ
• コルディリネ　など

居間のシンボルツリーに。
• シェフレラ
• ドラセナ　• フィカス
• ヤシ など

天井高のある部屋ではシンボルツリーに。
• シェフレラ
• ヤシ など

二方面に開口をもつ明るいリビング。大鉢のフィカス・ウンベラータと段差をつけて吊り下げられたビカクシダやポトスが、庭の植物たちとつながっているような一体感がある。

Selections for Places

〔エリア別〕

グリーン選びと飾り方

家のどこに、どんな植物を、
どんなふうに置いたらいいの?
実例を見て、置き場所にあった植物の選び方や
飾り方をチェックしてみましょう。

リビング上部の吹き抜け空間に下げられたシダ類。天井が高いとハンギング植物ものびのびと育っている印象。

Selections for Places
[Living] リビング

　家族がそろうリビングは、家の中でも広い空間が確保されたエリアです。大きな開口部があって日当たりのよい部屋であることも多いので、観葉植物にとっても過ごしやすい空間といえます。シンボルツリーを置いたり、スタンドやハンギングで飾ったり、いろいろな楽しみ方を選べるエリアです。

壁のディスプレイで使っているドライグリーンは、剪定で切った枝を乾燥させたもの。真似したいアイデア。

砂利を敷いた水槽に小さなグリーンを並べた簡易テラリウム。乾燥や寒さ予防になるうえ、博物館の展示のような面白さがある。

ソファ横に置かれたシェフレラはリビングのシンボルツリーに。大鉢は鉢カバーで管理するほうがおすすめ。インテリアのテイストにあったものを選びたい。

中鉢のグリーンもソファ横の空間にはおすすめ。カールした葉がユニークなフィカス・ベンジャミン 'バロック'。

25

無機質なテレビ周りもグリーンを置くと有機的な空間に。サボテンや
アガベなどハードな印象の多肉植物は黒のインテリアによく合う。

すっきりとしたテレビ台にやわらかい雰
囲気のグリーンがおしゃれ。愛らしいク
マはフィンランドの銀行がノベルティで
配布していた貯金箱の復刻版。愛着
のある雑貨と組み合わせて飾るのも楽
しい。

リビングのオープン階段は、段差を利用した動きのある飾り棚に。階段下
はハンギングも可能。日の当たり具合と相談して植物を選ぶことが大切。

天井まで届く細長い
窓に集まったグリーン。
限られた開口部でも
観葉植物には十分。
日差しを受けてぐんぐ
ん生長する。

小さめの鉢でもデザイン性のある台に
置くだけでリビングのフォーカルポイントに。

天井からのハンギング、
つっぱり式ポールの棚、
アンティークの椅子。高
低差をつけるとたくさん
あるグリーンもそれぞれ
が主役に。限られた空
間にもおすすめの飾り方。

【 Kitchen 】キッチン

キッチンは限られた空間でありながら、調理道具や家電など多くのものが集まる場所です。家事動線を邪魔しないためには、小さめの観葉植物がよいでしょう。また、日当たりが制限された空間も多いため、多少の日陰にも耐えられる植物がおすすめです。鉢植えにこだわらず、ハイドロカルチャーや剪定枝の水挿しなど、土を使わない植物を楽しむと衛生的です。

水挿ししたマドカズラのつるをスリム型レンジフードの上に。アイランドキッチンならではの楽しみ方。容器は小ぶりで重量のないものに。

キッチンカウンターの下に置かれたヤシ。大きめのグリーンを置きたいなら動線の影響が少ない場所を選ぼう。

ものがなく片づいたシンクの上にグリーンを数鉢。真似するのはむずかしいかもしれないが、ミニマムな暮らし方だからこそ実現できるディスプレイ。

小さなサイズはキッチンの小窓にピッタリ。葉が小さめのヘデラとパキラの水耕栽培がさわやか。

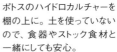
ポトスのハイドロカルチャーを棚の上に。土を使っていないので、食器やストック食材と一緒にしても安心。

クローズドキッチンのガラス面にパキラを。取っ手つきの紙バッグを鉢カバーの代わりにしているので、移動するときも楽。

キッチンカウンターをグリーン専用の棚に活用。サイフォン容器の水耕栽培、空きビンの水挿し、小さめの鉢植え、天井からのハンギングなど、多彩なグリーンが盛りだくさん。

レンジフードに吊られたビカクシダ。調理の邪魔にならない小ぶりなものを選んで。

29

Selections for Places
【Bedroom】 寝室

　ベランダに面した日当たりのよい部屋が寝室になっている住宅は案外多いもの。昼間に日差しが入る寝室なら大型のグリーンも楽しめます。スペースが限られているなら、小さな鉢をまとめ置きするのもよいでしょう。ハンギングはリラックス効果が期待できます。

朝目覚めたときにグリーンが目に入ると気分も爽快に。夜は間接照明でさまざまなグリーンのシルエットを楽しめる。

マイナスイオンを発し、空気清浄の効果があるといわれるサンスベリアをベッドサイドに。大型のものならひと鉢でも絵になる。

昼間はレースのカーテン越しの光が入る場所を定位置にすると、グリーンがいきいきと育つ。

ナイトテーブルには目覚まし時計と一緒に、シェフレラの
ミニ観葉とユーフォルビアの小鉢を。

小さな鉢は、手軽にいろいろなタイプのものを楽しめる
のがメリット。1か所にまとめると目が届きやすくお世話
もしやすい。

洗面台には、ヘデラとペペロミアの水挿しを。水挿し
のガラス器にこだわってクリーンなイメージに。

トイレの棚に置いたステレオスペルマム。さ
わやかな見た目が清潔さを感じさせてくれる。

コニファー（針葉樹）の切
り枝をガラス器に挿してト
イレの棚に。コニファー
の香りは消臭や脱臭、空
気清浄作用がある。

Selections for Places

[Sanitary] サニタリー

　サニタリーは洗面室、トイレ、お風呂場など通風と
日当たりを考慮しないエリアです。日陰でも育てられ
るものを選ぶほか、狭い空間なのでグリーンも小さな
ものになります。風通しが少なく土が乾きにくいため、
水耕栽培がおすすめ。管理がむずかしい場合は、フ
ェイクグリーンを楽しむのもひとつのアイデアです。

ワークスペース / 玄関

　リモートワークが定着し、自宅にワークスペースを設ける人も増えています。デスク周りのグリーンは仕事中の癒しにもなります。

　玄関は暗いことも多いので、耐陰性のあるものを選びましょう。

シンプルなデスクには葉の形が特徴的なフィロデンドロン・セロームをひと鉢。白のインテリアに緑が映える。

明かり取りのある玄関に置かれたモンステラ。日陰には強いが、できるだけ日差しが当たる場所のほうが生育もよくなる。

人の出入りが多い玄関ホールは、スリムな鉢台で邪魔にならないようすっきりと。

個性のあるオブジェと植物をバランスよく配置。仕事の合間の息抜きも楽しくなる。

黒一色のデスクにはミニ観葉を数鉢。植物はPC機器の多い空間にも自然と溶け込む。

屋根のあるベランダにはユーフォルビア、ビカクシダ、ヤシなど。台風や強い雨の予報のときは、室内に入れるかロープなどで固定する。

ユッカ・ロストラータ、ソテツ、アガベなどを玄関前に直植え。日当たりが抜群のため、大きく生長している。

庭に設置したアンティーク棚に多肉植物を配置。気温が下がる11月以降は室内に取り込む。

ベランダの小鉢は棚の上にまとめて管理しておくと、いざというときの移動なども作業がしやすい。

エントランスホールには、葉先が色づく黄金ソテツ、アガベ、サボテンを大鉢で。強光を好むタイプは屋外向けといえる。

Selections for Places
[Outdoor] 屋外

　観葉植物は室内で育てるのが基本ですが、植物の種類や住んでいる地域、環境によっては、屋外で育てることもできます。室内管理に慣れてきたら、ベランダなどで育てられる種類を選び、楽しむのもよいでしょう。

\\ チャート診断！ //
あなたに合う
おすすめの観葉植物

過去の経験や普段の生活の様子などを振り返って、
あなたのライフスタイルに合う育てやすい観葉植物を見つけてみましょう。

結果は
36 ページで

START

観葉植物の
栽培ははじめて

YES

NO

栽培していた観葉植物を
枯らしたことがある

YES

NO

YES

観葉植物のお世話や
手入れにある程度
時間をかけることができる

NO

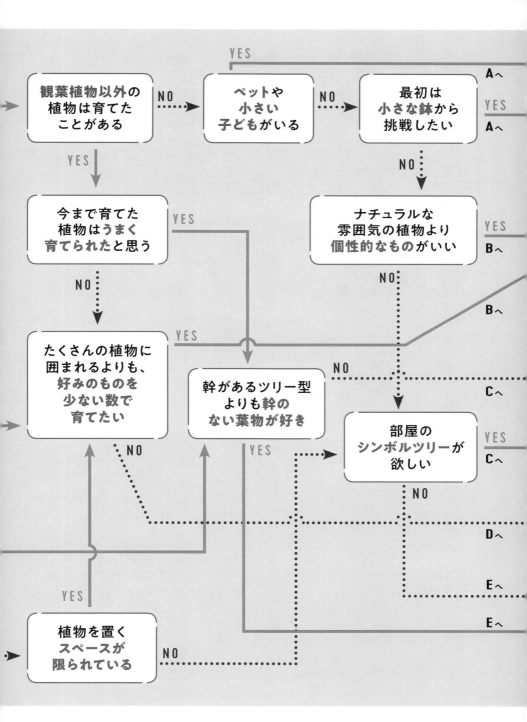

観葉植物以外の
植物は育てた
ことがある

NO ····▶

ペットや
小さい
子どもがいる

NO ····▶

最初は
小さな鉢から
挑戦したい

YES ──── Aへ

YES
Aへ

NO ····

YES

今まで育てた
植物はうまく
育てられたと思う

YES

ナチュラルな
雰囲気の植物より
個性的なものがいい

YES
Bへ

NO ····

Bへ

YES

たくさんの植物に
囲まれるよりも、
好みのものを
少ない数で
育てたい

YES

NO ····

Cへ

幹があるツリー型
よりも幹の
ない葉物が好き

部屋の
シンボルツリーが
欲しい

YES
Cへ

NO ····

YES

NO

Dへ

Eへ

YES

植物を置く
スペースが
限られている

NO ····

Eへ

A 手の届きにくい場所に置けるミニサイズが豊富なタイプがおすすめ

- エスキナンサス ・ガジュマル
- コーヒーノキ ・チランジア ・パキラ
- ビカクシダ ・フィロデンドロン
- ピレア ・ヘデラ ・ペペロミア ・ホヤ
- ポトス ・テーブルヤシ など

※フィロデンドロン、ヘデラ、ポトスはペットに有害なので誤食に注意。

B 丈夫で枯れる失敗の少ないタイプがおすすめ

- ガジュマル ・サンスベリア
- パキラ ・モンステラ など

C 人気の高い定番の大鉢タイプがおすすめ

- エバーフレッシュ ・コーヒーノキ
- シェフレラ ・ドラセナ ・フィカス
- パキラ ・ヤシ など

D 育てやすくナチュラルな雰囲気が楽しめるタイプがおすすめ

- アジアンタム ・エスキナンサス
- シッサス ・スキンダプサス
- ヘデラ ・ポトス など

E 個性的な葉や姿を楽しめるタイプがおすすめ

- アグラオネマ ・アスプレニウム
- アロカシア ・アンスリウム
- カラテア ・コルディリネ
- シンゴニウム ・ストレリチア など

選び方 2

ライフスタイルで選ぶ

植物のお世話にどれくらい時間をかけることができるのか、
普段の生活を確認してみましょう。

＼ チェックするのはここ!! ／

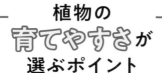

植物栽培の
経験値

↓

植物の
育てやすさが
選ぶポイント

普段の
生活スタイル

↓

植物の
性質が
選ぶポイント

失敗しにくいものか、難易度高めに挑戦か

　観葉植物の栽培ははじめての人、楽しさに目覚めて2鉢目や3鉢目を選ぼうとしている人、過去に失敗したけど再挑戦したい人など、栽培の経験値は人それぞれです。

　初心者や失敗経験のある人は、丈夫で育てやすい種類を選ぶと、栽培の面白さが体験できます。経験者は、今ある植物の品種違いを選んだり、まったく異なる種類で新たな栽培経験値をアップさせるのもありです。

　植物の育て方ガイド（➡第3章）では、栽培のしやすさなどをデータで表示しています。自分の経験値から検討しましょう。

植物の性質を知ると失敗も少なくなる

　観葉植物は、季節の変わり目や天候、気温などの影響で、気づいたら元気がなくなっているということもめずらしくありません。

　普段から植物を観察し、そのつど適切な管理ができる人は選択の余地が広がります。一方、天気や気温に合わせた管理に自信がない人は丈夫な種類を選ぶようにして、水やりを忘れがちの人、逆につい水やりが増えてしまう人は、乾燥に強いか弱いかなど植物の性質を考慮して選ぶと失敗が減ります。口に含むと危険な植物もあるので、ペットのいる家庭はその配慮も必要です。

リビングと寝室がつながるエリア。
チャッピーの影響かハンギング
がどんどん増えているとか。

Living with Green
グリーンと暮らす

たくさんの植物に囲まれて暮らす人たちの
グリーンライフをご紹介します。

ベンチ式の棚からは
鉢を撤去。現在はお
しゃれなフラワーベ
ースで水耕栽培を楽
しむ。

東京・M邸 家族構成：共働きの夫婦＋犬1匹

置き場所に工夫してペットと一緒にグリーンを楽しむ

　観葉植物を楽しむご夫婦に犬のチャッピーが加わったのは一年半前。在宅勤務が増えたことで念願だった犬を迎え入れたそうです。

　壁に沿ったベンチ式の棚は、植物を並べてディスプレイする場所として設けたものでしたが、チャッピーがいたずらするのにもちょうど

よい高さ。植物の置き場を変え、留守の間は植物の周囲に柵を設置するなど、いたずら予防が欠かせなくなったといいます。

　南欧風のナチュラルインテリアに合わせるように、ゆらぎのある葉の植物が多く配され、リゾート的な雰囲気を醸し出しています。

奥さまがこだわって設えた南欧テイストのアーチ型の壁。室内もベランダもグリーンで溢れる。

チャッピーが土をいじらないように、大鉢のエバーフレッシュはフタ付きの鉢カバーを利用。フタ部分はサイドテーブルにもなる。

高低差のあるスタンドで奥にあるグリーンも顔が見える。さまざまな種類を置くことで緑の葉色のグラデーションが楽しめる。

玄関には存在感のあるモンステラ。通勤がメインのころは留守がちの生活だったため、手間のかからない植物が多い。

ベランダのグリーンは床に直置きせずスタンドの上に置くことで風通しがよくなり、害虫予防にもなる。

リビングの中でもいちばん目を引くのは、吹き抜け空間に吊り下げられたビカクシダ。多肉植物と並び多くコレクションしている。

5年前にはじめて購入したサボテン。家を建てているときから置き場所を決めていたそう。リビングのシンボルツリーとして貫禄は十分。

千葉・S邸 家族構成：自営業の夫婦＋子ども2人

DIYの家具と融合する個性派のグリーン・コレクション

もともと植物への関心はなかったというSさん。家を新築する際、インテリアのひとつとしてサボテンを購入したのがグリーンにはまるきっかけだったそう。白壁の空間にヴィンテージ感のある家具が配され、コーデックス、ユーフォルビア、アガベ、サボテンなど多肉植物を中心にコレクションされています。

普段は地元人気店のオーナーシェフ。グリーンのお世話は週1回の定休日にすべて1人で行っているとか。家具はDIYが得意な奥さまの手作りも多く、ビターテイストの家具にユニークなフォルムの多肉植物が合っています。

壁にコードが這ってしまうのを利用して、あえて配管を見せるデザインにした。余白のある白壁をうまく利用し、グリーンの飾り場所としても活用。

ダークに塗られた収納ボックスの上はコレクションの見せ場。鉢選びにもこだわっている。

日が差し込みにくい階段スペースは、植物用ライトで光を補充。アートを照らす美術館のような演出。

スチールのオープン階段には個性的なグリーンが置かれている。

リビングとキッチンをつなぐエリアのアルコーブには、奥さま手作りのシェルフ。フィカスの枝振りもちょうどマッチする。

41

ガラス面が多くとられたサンルームのようなリビング。室内のグリーンは庭の緑とも重なって、自然の中に溶け込んでいるような印象。

東京・F邸

家族構成：
共働きの夫婦＋子ども2人

懐かしさを感じる
リノベーション住宅は、
グリーンと雑貨の
組み合わせが絶妙

　築20年の家をリノベーションしたF邸は、インテリアコーディネーターの奥さまのセンスが随所に光るお宅です。鉢類はもちろん、鉢を吊る金具類にもこだわっているそうで、さまざまな雑貨やアートの中に植物が調和した空間は、カフェでくつろいでいるような気分。栗材を使ったダークな木のインテリアが、どこか懐かしさも感じさせてくれます。

　生きた植物だけでなく、ドライ加工の植物もうまく利用し楽しんでいるのがF邸の魅力です。

アウトドア好きのFファミリー。キャンプで実際に使うランタンスタンドも普段はグリーンと一緒にインテリアとして活用。

オーダー注文のアイランドキッチンには、ビカクシダとともにドライにしたスワッグがあちこちに。

自宅で剪定した枝を乾燥させたドライグリーン。くすんだ色の中に生きたグリーンが鮮やか。

グリーンを置くためのロングテーブルは自作。床に座るライフスタイルのため観賞にもちょうどよく掃除もしやすい。

庭には多肉植物を飾るアンティーク棚を設置。ユーカリの木にもセネシオをハンギング。吊り下げられたビンは夜になると発光し、庭を照らすランタンになる。

アンティークの金具で吊り下げられた多肉植物。レトロナチュラルな雰囲気が満載のリビング。

小さい鉢が大きく育っていく様子を
味わうのがグリーン栽培の楽しみ

　一年ほど前に引っ越してきた新居に、グリーン好きの奥さまの影響で、少しずつ鉢が増えているH邸。現在は小鉢〜中鉢がメインですが、これから大きく育つ過程を見守るのがグリーンとともに暮らす楽しみであり醍醐味です。

　リビングの先へとつながるエリアはそれぞれのパソコンデスクが置かれた趣味の部屋。共通の趣味はオンラインゲームで、とくにご主人のデスクは複数のモニターと、マイクやカメラなどライブ配信ができる機材がセッティングされた本格的な環境。そんな中にもグリーンがあちこちに置かれ、ひとときの癒しを与えてくれるといいます。

窓辺のグリーンは温度差の影響を受けやすい。温湿度計を一緒に置いて温度や湿度の変化をこまめにチェックできると安心。

奥さまのデスク周りに置かれた小さなグリーン。デジタル環境だからこそ積極的にナチュラルなグリーンを楽しみたい。

夫婦のデスクが置かれた趣味のエリア。天井まで伸びたガラス窓が明るい日差しを取り込んでくれる。

リビングのグリーンはスタンドや棚を使って動きをつけた配置で楽しむ。

リビングの棚には水差しや霧吹き、肥料などお世話グッズも一緒にセット。気づいたときにすぐに取り出せて便利。

日差しの入る寝室はレースのカーテン越しが最適。シンプルなスチール棚にグリーンと衣類を一緒に。

Living with Green
グリーンと暮らす

リビングのシンボルツリーはシェフレラ。北欧インテリアにナチュラルなグリーンがマッチする。

千葉・N邸 家族構成：夫＋専業主婦の妻＋子ども2人

グリーンの美しい姿を保つコツは
毎日ふれ合い状態を確認すること

　グリーンのお世話とインテリアが大好きだというNさん。北欧テイストのインテリアの中に、ナチュラルな雰囲気のグリーンがセンスよく配置されています。葉水は日々のルーティーンで、植物の様子もこまめにチェックし、トラブルの兆候も早めに発見できるように心がけているそうです。

　そんなお母さんに似ているのが、次女のけいちゃん。小さいころから植物が大好きで、自分の部屋に置くグリーンは、種類も置き場所も自分で決めているとか。10歳ながら植物の管理も上手にできているようで、グリーンがみないきいきと育っています。

ソファ横はスタンド照明とエバーフレッシュ。ふんわりとしたシルエットが美しい。

主寝室に置かれたフィカス・ウンベラータ。購入時よりもだいぶ生長したそう。明るい葉色が白い壁に映える。

リビングのテレビサイドにはつる性のグリーンを3種。飾り方にそれぞれのよさが発揮されている。

ブルーの壁紙が目を引くけいちゃんの部屋。スタンドに乗せられたモンステラがいきいきと伸びている。

リプサリスのハンギングと棚から垂れ下がるヘデラとチランジアもけいちゃんが自分で選んだもの。レースのキャノピーがついたベッドが愛らしい。

47

インテリアに合わせて選ぶ

インテリアのこだわりから観葉植物に興味をもつ人は少なくありません。
インテリアの雰囲気とマッチする植物を探してみましょう。

ナチュラルテイストの インテリア

　ナチュラルテイストは、木製の家具や天然素材のファブリックなど、自然の温かみが感じられるやわらかい雰囲気があり、近年では、北欧風インテリアなどが人気です。

　室内でも自然の風を感じられるような、ふんわりとしたシルエットの観葉植物と相性がよいインテリアです。

明るい木の床や家具にグリーンがさわやかに映える。

ナチュラルに 合うグリーン

小さな葉が密集するタイプやつる性、
庭木のようなツリー型もおすすめです。

- アジアンタム　・エスキナンサス
- エバーフレッシュ　・コーヒーノキ
- シェフレラ　・シンゴニウム
- スキンダプサス　・ドラセナ
- ピレア　・フィカス　・ヘデラ
- ペペロミア　・ポトス　など

風でゆらめくグリーンはナチュラルさがアップ。

インテリアにマッチさせるには鉢選びも大切なポイント。

インダストリアル
テイストのインテリア

　コンクリートやスチールなど無機質な素材をデザインに使ったインダストリアルなインテリア。武骨でユーズド感の強い雰囲気のものもあれば、モダンに仕上げられたタイプのインテリアもあります。

　どちらのタイプもシャープな印象のグリーンがよく合い、個性的な斑の模様が入った品種やダークな葉色のものもおすすめです。観葉植物の中でもより有機的な姿のビカクシダなどは、工業的で無機質な空間と対比すると面白さが発揮されます。

インダストリアルに
合うグリーン

ゴツゴツとした印象のものや、個性的な姿のものは小さな株でも存在感が出ます。

- アグラオネマ　・アスプレニウム
- アロカシア　・アンスリウム
- カラテア　・コルディリネ
- サンスベリア　・ストレリチア
- チランジア　・ビカクシダ
- フィカス　・ベゴニア
- アガベ　・サボテン
- ユーフォルビア　など

ハードな家具にはハードな印象の多肉植物を。

見た目が似ているグリーンをコレクションのように。

ダークなインテリアもグリーンが入ることで癒しが感じられる。

レトロモダンテイストのインテリア

　懐かしい雰囲気とモダンなデザインが融合するレトロモダン。和風レトロに多い濃茶や黒の色調は、アジア風インテリアとも共通するところがあります。観葉植物の中でも緑の鮮やかなタイプが映え、サボテンやチランジアなど乾いたイメージが強いものも似合います。

　畳や障子など和のテイストがより強いインテリアでは、盆栽的なガジュマルやコケ玉仕立てのミニ観葉などはもちろん、ドラセナなども案外マッチするでしょう。

レトロモダンに合うグリーン

　熱帯のイメージが強いものはアジアン・モダン全般におすすめ。ダークな色調なら緑が鮮やかなものや多肉植物などもよいでしょう。

- アグラオネマ　・アジアンタム
- アスプレニウム　・アロカシア
- エバーフレッシュ　・ガジュマル
- コルディリネ　・サンスベリア
- ストレリチア　・チランジア
- ドラセナ　・パキラ　・ビカクシダ
- フィロデンドロン　・モンステラ
- ヤシ　・サボテン　など

植物の選び方や飾り方でレトロとモダンの振り幅が大きくなる。

和モダンには熱帯的な印象のグリーンも似合う。

濃いめの茶色はアジアンチックな雰囲気も感じられる。

コンテンポラリー
テイストのインテリア

「現代的な」という意味をもつコンテンポラリー。黒、白、グレーなどモノトーンが多く、シンプルで現代的なインテリアといえます。最近では仕事やライフスタイルの変化から、パソコンなどの機器もインテリアに溶け込むように計画されることも多いでしょう。

　ミニマムな空間には個性のあるグリーンをひとつ置くだけで癒し効果があります。シンプルなインテリアは、選んだグリーンの印象で部屋の雰囲気も変わっていくといえます。

コンテンポラリーに合うグリーン

　グリーンの数は限定されることが多いので、中型～大型のものを置くのがよいでしょう。個性的なものなら目を引きます。

- アスプレニウム
- アロカシア
- アンスリウム
- カラテア
- コーヒーノキ
- コルディリネ
- サンスベリア
- シェフレラ
- ストレリチア
- ドラセナ
- フィカス
- モンステラ　など

吹き抜けの空間に高低差をつけて吊り下げたグリーン。

大きな葉のグリーンはひと鉢でも目を引く。

窓枠に沿って個性的なグリーンを並べ、現代絵画のように楽しむ。

見た目やこだわりで選ぶ

植物をうまく育てるには置き場所やライフスタイルを考えることは大切ですが、
最終的には好みも重要。見た目で選ぶときのポイントなどを紹介します。

ツリー型

枝のラインにこだわる

　樹木のようなツリー型の観葉植物は、室内にいながら庭のような自然を感じられるタイプです。ミニ観葉にもツリー型はありますが、大型のものなら室内のシンボルツリーとして楽しめます。

　ツリー型の見どころは枝の伸び方です。枝が曲線か直線か、上に伸びるのか横に広がるのか。生長したときの姿をイメージしながら選ぶようにしましょう。

枝は自分で曲げられる!?

　魅力的な曲線の観葉植物を欲しいと思っても、しっかり生長したものは価格も相応です。

　それなら自分で曲げて育てるのも楽しみのひとつ。株が若く幹が細い時期ならば、ひもなどを使って誘引し、光の方向に伸びる性質を利用して主幹や枝を少しずつ曲げることができます（➡P159）。

曲線

主幹が曲線を描くように曲がって生長しているものは、見る角度によって表情が変わります。やわらかい雰囲気が魅力です。

直線

1本の主幹がまっすぐに伸びていると、シャープなイメージを演出できます。幹が太いものなら強さや安定感があります。

自然樹形

まっすぐな主幹から左右に枝が伸びる樹形で、ナチュラルな印象です。自然に伸びる枝葉は数が多いほど、こんもりしたシルエットになります。

曲線を楽しめるのもの

　幹に曲線があると、インテリアとしてスタイリッシュに見えます。曲がり具合に個性があらわれるので、好みのものを探してみるとよいでしょう。

曲線が楽しめる植物

- エバーフレッシュ　　・シェフレラ
- ドラセナ・コンシンネ
- フィカス　など

エバーフレッシュ

フィカス・ルビギノーサ
（フランスゴム）

シェフレラ
'アンガスティフォリア'

直線で育つもの

　ナチュラルな雰囲気やシャープな雰囲気など、葉のつき方などで印象が変わってきます。

直線が
楽しめる植物

- ドラセナ
- ユッカ
- 柱サボテン　など

ドラセナ'ドラド'

ドラセナ'マッサンゲアナ'

53

葉の色や形を愛でる

観葉植物には、葉の大きさ、形が異なる種類が豊富にそろっています。鉢物の植物では大きな葉をつけるものは全体に葉数が少なく、細い葉や小さい葉をつける植物では葉数が多くなる傾向があります。さらにエバーフレッシュのように細かい葉が羽のような形に集まってつくものなどもあります。

ひとつひとつ異なる表情を見て、部屋に置いたときのイメージを思いうかべながら選ぶのも楽しいでしょう。

大きな葉
大きな葉は植物のナチュラルさが際立ち、かすかな風にゆれる姿にも趣が感じられます。

小さな葉
細かい葉が枝を隠すようについていると、緑豊かなイメージで落ち着きを感じさせます。

斑入り
斑入り葉の植物は緑一色よりも明るい雰囲気ですが、葉焼けしやすいので直射日光に注意が必要です。

穴や切れ込み
葉の穴や切れ込みは、樹木が密集した場所でも光や風を通すための進化といわれます。

つやあり
表面になめらかなつやのある葉は、肉厚で枯れに強いタイプです。

色つき
緑でもさまざまな濃淡がありますが、葉全体が赤く色づくもの、シックな濃い紫色を帯びるものなどさまざまです。

シャープ
剣のように、あるいは角のようにとがった葉にはシャープで引き締まった印象があります。

大きな葉のもの

　大きな葉をもつものは小鉢でも存在感があります。葉色や模様の違いなどもはっきりわかるので観賞しやすいでしょう。

大きな葉の植物

- アグラオネマ　　・アロカシア
- カラテア　・ストレリチア
- ビカクシダ　・フィカス・ウンベラータ
- モンステラ　など

アロカシア

フィカス・ウンベラータ

小さな葉のもの

　小さな葉をつけるタイプはナチュラルな雰囲気のものが多いようです。小さな鉢でコンパクトに楽しむのもおすすめです。

ピレア

ペペロミア

小さな葉の植物

- アジアンタム　　・エスキナンサス
- エバーフレッシュ　　・ヘデラ
- ピレア　・ペペロミア　・ホヤ　など

シャープな葉のもの

　細長い葉はシャープな印象ではありますが、ドラセナやヤシなどはナチュラル感やさわやかさを感じるものもあります。

シャープな葉の植物

- コルディリネ　　・サンスベリア
- ドラセナ　・ヤシ　など

コルディリネ

サンスベリア

垂れる植物は飾り方をひと工夫

つる性の植物はハンギング仕立てが一般的ですが、高い位置に置くならハンギングでなくても楽しめます。流れるようなラインの美しさを強調したり、つるの先の長さを変えてリズムを出したり、つるが広がるようにわざと短めにトリミングしたり、長いつるをバッサリ切ってイメージをガラッと変えてみたりと、工夫次第で表情豊かな姿を見せてくれます。

ナチュラルな雰囲気のものが多いので、ブリキや木製など生活雑貨との相性も抜群です。お気に入りの雑貨と組み合わせるのも楽しみ方のひとつです。

ハンギングは用土を替えて

つる性の植物をハンギングで楽しむときは、用土は通常の鉢植えよりも軽めにするのがよいでしょう（➡P82）。市販の専用土にはハンギング用もあるので、そういったものを使うのもおすすめです。

また、落下の危険を避けるため鉢自体も軽いものを選びます。吊るすためのフックやひもなどは、植物と土を入れた鉢の重さに耐えられるかどうか事前に確認して使いましょう。

\ 棚や窓辺に置く /

小さめの鉢なら、棚の上でも置きやすく邪魔になりません。つるを棚から下へ垂らしたり、棚の上でつるを広げて遊ばせたりとさまざまな表情をつくってみましょう。

\ スタンド /

棚に置くには大きすぎるものなら、観葉植物専用のスタンドを使う方法もあります。スタンドの代わりに丸椅子や高低差のある踏み台、サイドテーブルなどに置いても美しく飾れます。

\ 吊るす /

天井から吊るすときは天井の下地を探してフックを取りつけます。石膏ボードに取りつけられるフックの場合は、耐荷重の確認をしっかりと。ダクトレールを使うときは専用のフックが必要です。

つる性のもの

つる性の植物は生育が旺盛で、こんもりとした姿に育つものが多くあります。蒸れないように風通しのよい場所で管理しましょう。

つる性の植物

- エスキナンサス
- シッサス
- スキンダプサス
- ヘデラ
- フィカス・プミラ
- フィロデンドロン
- ポトス
- ホヤ
- など

ホヤ

フィロデンドロン

エスキナンサス

つる性だけじゃない!!

垂れやすい植物

グリーンの中にはつる性ではないけれど、茎が細く枝垂れるように曲がるものや、アスプレニウムのように根元から出た葉が垂れるタイプなどがあります。こうしたグリーンも飾る場所や見せ方の工夫で楽しみが増えるものです。

また、同じ種類でも品種によって、つる性とそうでないものがあります。

シンゴニウム

アジアンタム

垂れ下がりやすい植物

- アジアンタム
- アスプレニウム
- シンゴニウム
- セネシオ
- ビカクシダ
- ペペロミア
- ピレア
- リプサリス（サボテン）
- など

ビカクシダ

その植物ならではの個性を楽しむ

たとえば、ポトスやヘデラ、フィカス、ドラセナ、サンスベリアなどいろいろな場所でよく見かける植物は、育てやすいものが多く初心者が最初に購入するものとしておすすめです。ただ、みんなと同じだと少し物足りないと感じる人もいるかもしれません。

そんなときは、同じポトスでも流通の少ない新しい品種を探してみたり、葉色や斑の模様がめずらしいものを選んでみたりすると、育てるのも楽しくなってくるのではないでしょうか。

また、サボテンや多肉植物にはユニークな形のものが多いので、個性的な植物を探している人にはおすすめです。とくに、植物の生長点に変異が起こり「点」が「線」になることで植物が扇状に育つ「綴化植物」は、個性的な見た目が希少なため観賞価値も高くなります。

\ ビザール・プランツとは？ /

「奇妙な植物」「珍奇な植物」などとも呼ばれるビザール・プランツ。おもに、コーデックス（塊根植物）や多肉植物、エアプランツなど見た目が面白いものやめずらしい品種の総称です。マニアやファンも多く、ビザール・プランツを専門に扱う店もあります。

どこで手に入れるの？

流通量の少ない植物は購入できる場所が限られていることがあります。
次のような場所をチェックしてみましょう。

専門店

専門店には希少品種なども扱うお店もあります。近所に見つけられなければ、植物関係のSNSや愛好家の集まる販売会などに参加して情報収集するのもよいでしょう。品種が特定できるものを購入することが大切です。

生産者

植物は生産者から直接購入できることもあります。生産者のホームページなどで一般の人の買いつけが可能かどうか確認してみましょう。現地での販売だけでなく、一般向けにネット販売をしている生産者もいます。

よく行く店

観葉植物の専門店などいつも購入する店のスタッフと親しくしておくのもおすすめです。めずらしい品種や新しい植物の入荷情報を教えてくれることもあります。普段からどんなものが欲しいのか伝えておきましょう。

コーデックスの魅力は塊根部の膨らみ。右は「アフリカ亀甲竜」、左は「アデニア・グロボーサ」の塊根。

塊根植物とも呼ばれるコーデックスは、大きく膨らんだ幹や根に水分を蓄えた植物。通常は幹が太くなるだけの姿が多い「アデニウム・アラビカム」だが、写真のものは根が絡み合いかなり個性的な姿を見せた希少な一点もの。

ピンク色の斑が入った「フィロデンドロン'ピンクサプライズ'」はフィロデンドロンの中でもめずらしい品種。ピンク部分が多く見えるほど観賞価値が高い。

ユーフォルビアの先にサボテンを「接ぎ木」したもの。接ぎ木は、2種類の植物を人為的に癒着させてひとつの個体にしたもの。接ぎ木によって独自のサボテンが誕生し、生育スピードが早くなるメリットもある。

枝が枯れたように見える「ユーフォルビア・プラティカーダ」。その独特の姿から「ゾンビプランツ」とも呼ばれているめずらしいユーフォルビア。

植物の魅力をアップさせよう

観葉植物は購入したままの状態でも十分楽しめますが、
鉢カバーやマルチングでより魅力アップできます。

魅力アップ 1
鉢カバーを利用して
簡単イメージチェンジ

観葉植物は流通や管理のしやすさから、プラスチック鉢で販売されているのが一般的です。よく見かける黒色のプラスチック鉢は、植え替えが容易で緑の葉色とも相性がよいため、観葉植物には最適な鉢ともいえます。

ただ、少し味気ない印象があり、インテリアの雰囲気にマッチしないということがあるかもしれません。そんなときに便利なのが鉢カバーです。

鉢カバーは、底に穴がない入れ物で、観葉植物の鉢をすっぽりと覆うものです。通常の鉢と比べてデザインや素材が多様なため、インテリアに合ったデザインを選ぶことができます。鉢のように土を入れ替えずにすむので、交換も簡単です。

鉢カバーで手軽にイメージチェンジしてみましょう。

元の鉢がすっぽり覆われるサイズを選ぶのがポイント。鉢カバーの底には受け皿を入れ、その上に鉢を置く。鉢が二重になるので冬の時期は保温効果が出て実用的。

鉢カバーで変わる印象

Before
プラスチック製の鉢は管理しやすいが面白みがない。

ナチュラル
アンティーク風のブリキカバーに。ナチュラルな雰囲気。

リゾート
カラフルなカゴでカバーすると、リゾート的な雰囲気が出る。

さまざまな素材の鉢カバー

麻

ナチュラルな雰囲気の麻カバー。内側がコーティングされているものもあり、汚れにくく水も吸収しにくい。薄く軽いので小鉢から中鉢向き。

金属

アンティーク感のあるブリキ製カバー。金属は水に濡れるとサビが出てしまうので、直植えには使えない。鉢カバーならではの素材。

セメント製のカバーに木製の板が乗ったもの。コーヒーテーブルなどにもできる。

セメント

重量があるため安定感のあるセメントカバー。ナチュラル、インダストリアル、アジアンテイストなど部屋のイメージに合わせやすいタイプ。

樹脂

樹脂は成形がしやすいため、カバーデザインや色が多様で豊富。軽くて丈夫なので、大きな鉢を入れても扱いやすいのがメリット。

鉢カバーを使うとき

鉢カバーに入れた植物の水やりは、カバーから出して行い、鉢底からの水がしっかり切れてからカバーに戻します。大鉢などでカバーから出しにくいときは、そのまま水やりしてもよいのですが、カバーの中に水をためたままはNGです。動かして水が捨てられないときは、タオルなどで水を拭き取ります。大鉢のカバーはすき間に手を入れて作業ができるよう余裕のあるサイズにしておくとよいでしょう。

カバーの背が高く鉢が埋もれてしまうときは底上げが必要です。発泡スチロールなどをカットして使うとよいでしょう。

カゴ

カゴは籐や麻など自然素材で編んだものが多いが、近年は紙やビニールテープなど手軽な素材のものもある。

陶器

ぽってりとした見た目が愛らしい陶器。大きなものになると重くなるので、ビニールポットの株を入れる小さなサイズがおすすめ。

マルチングで土を隠し清潔感アップ

　マルチングとは、石やウッドチップなどで観葉植物の株元を覆うことです。土を隠すことでインテリア性が高まり、保温効果や乾燥予防になります。一方で、通気性が悪くなったり、土が乾きにくくなることで生育不良が起きたり、水やりのタイミングがわかりにくくなるということもあります。

　水やりはマルチング材を外して土の状態を確認してから行います。外せない場合は水をやりすぎてしまう傾向があるので、鉢土が完全に乾いたころが目安です。株全体の重さなどを日ごろからチェックし、土内の水分量を体で感じておくとよいでしょう。土壌水分計（➡P73）を使うのもおすすめです。

　マルチングにはメリットとデメリットがあります。それを知って上手に使いましょう。

マルチングのメリット・デメリット

◎ **メリット**
- 土が見えず清潔感が出る。
- 保温効果があり、乾燥予防にもなる。
- 土が隠れているため害虫が寄りつきにくくなる。
- 水やりの際の泥はねを防いでくれる。

◎ **デメリット**
- 通気性が悪くなる。
- 水やりのタイミングがわかりにくくなる。
- 水やりの際に外さないと、土が蒸れてカビが発生することがある。

さまざまなマルチング材

石

装飾性が高くスタイリッシュな雰囲気を出せるが、土が確認しにくいので水やりには注意。鉢底石の小粒など、なるべく軽い素材を選ぶ。

ココヤシファイバー

ヤシの繊維が絡みまとまった形になるので、水やりのときに外せる。空気が抜け、植物へのストレスが少ない。

クルミの殻

殻同士がピッタリと重なり合わずすき間ができるので蒸れにくい。乾燥予防になりながら風通しがよく、軽いのもよい点のひとつ。

ウッドチップ

スギやヒノキ製は消臭効果や害虫防除の効果がある。湿ったままだとカビの原因になるので、たまに取り除いて乾燥させる。

第2章

観葉植物と
長くつき合うために

観葉植物はペットなどの生き物と同じです。
丈夫なものであっても、基本的なお世話は欠かせません。
枯らさずに長くつき合っていくために
基本の育て方と管理方法を知っておきましょう。

覚えておこう! 観葉植物の用語

植物を育てていると、普段は聞き慣れない専門用語を聞くことがあるでしょう。
本書内にも出てくる用語で、観葉植物を育てる際に知っておくとよいものを解説します。

葉 (は)

植物の茎につき、光合成や呼吸、蒸散などのはたらきをする部分。多くは平らだが、多肉植物など肉厚のものもある。

茎 (くき)

植物の葉や花などがつく部分。水分や養分の通り道となり、植物のからだを支えるなどのはたらきをする。

斑入り (ふいり)

葉緑素の欠如により葉や茎などがすべて緑色にならずに、黄色や白色で縞や斑点などの模様が入ること。

下葉 (したば)

茎や枝の先端から離れた下の方につく葉。

節間 (せっかん)

茎や枝の葉がつく部分を節といい、節と節の間を節間という。

木質化 (もくしつか)

緑色の茎が茶色になって木のようにかたくなること。木質化した部分は新しい枝が出にくい。

根 (ね)

地中で植物を支え、養分や水分を吸収する部分。

節

根鉢 (ねばち)

鉢植え株を鉢から抜いたときの、植物の根と土がひとかたまりになった部分。

気根 (きこん)

地上に出ている茎や幹から出る根。サトイモ科の植物やガジュマルなどにみられる。

地下茎 (ちかけい)

地表面から下にある茎のこと。根のように見えるが節があり葉をつけることで区別される。

ランナー

親株から横に長く伸びる茎のこと。ランナーの先に子株をつける。オリヅルランや多肉植物の一部にみられる。

64

休眠期（きゅうみんき）
植物が生長を止めている時期。乾燥や気温などの条件が生育に適さない時期に休眠することが多い。

切り戻し（きりもどし）
伸びすぎた茎や枝、幹を途中で切ること。全体の姿形を整えたり分枝を促したりするときに行う。

遮光（しゃこう）
植物に直射日光が当たらないよう光を遮ること。園芸用の遮光ネットなどがある。

蒸散（じょうさん）
根から吸い上げられた水分が、茎の表面や葉の気孔などから水蒸気となって空気中に放出されること。

生育期（せいいくき）
植物が盛んに枝や茎を伸ばし、葉をつけて光合成を行い、生長したり花を咲かせたりする時期。

着生（ちゃくせい）
ほかのものに付着して生長すること。ビカクシダやエアプランツなどにみられる。付着したものから養分を吸収する寄生とは異なる。

徒長（とちょう）
節間が軟弱に長く間伸びした状態。光不足や水の与えすぎなどで起こりやすい。

根腐れ（ねぐされ）
根が地中で腐ること。鉢植えの場合は水の与えすぎや、排水の悪い用土などが原因で起こりやすい。

根詰まり（ねづまり）
鉢植え植物の根が伸びすぎて、鉢の中でいっぱいになった状態。根が鉢底から飛び出していることも多い。水分や養分の吸収が悪くなる。

鉢上げ（はちあげ）
タネや挿し木で育てた小さな苗を植木鉢に植えること。

鉢増し（はちまし）
鉢植えの植物を元の鉢よりひと回り大きい鉢に植え替えること。

発芽（はつが）
タネから芽が出ること。または、茎や枝についている新芽が発育を始めること。

発根（はっこん）
挿し木や葉挿しの場合に、挿し穂や挿し葉から根が出ること。

葉焼け（はやけ）
強い光や冷気に当たった葉が部分的に傷むこと。直射日光や冬の屋外などで起こりやすい。

半日陰（はんひかげ）
木漏れ日のような弱い光が当たる場所。室内ではレースのカーテン越しの日差し程度の光が当たる場所。1日のうち数時間、光が当たる場所をさすこともある。

実生（みしょう）
タネをまいて発芽させた苗。またはタネから発芽させること。

株元（かぶもと）
鉢植えの場合は、鉢土の表面に近い部分のこと。

ウォータースペース
鉢植えの土の表面から鉢の縁までの部分。与えた水が外に流れ出ないように高さ2～3cm以上のスペースをつくる。

表土（ひょうど）
鉢植えの場合は、鉢土の空気にふれている表面の土。

65

植物を手に入れよう!

観葉植物は専門店以外でも購入できますが、
それぞれのお店のよい点、リスクポイントを知って参考にしましょう。

購入場所 1
ホームセンターで買う

ホームセンターでは、よく見かける一般的な種類が多くある傾向です。めずらしい種類は少ないですが、そのぶん育てやすい種類がそろっているので、初心者には安心です。たいていのホームセンターでは鉢植え用の土や鉢、鉢カバーなど周辺の資材もそろえているので、部屋のイメージに合わせたトータルなコーディネートがしやすいでしょう。

購入場所 2
専門店で買う

観葉植物や多肉植物を中心にそろえている専門店では、希少な種類やめずらしいものが手に入りやすいのが特徴です。ほかと比べると観葉植物の管理にくわしい店員さんが多いので、居住スペースや生活スタイルに合う植物を探すときに便利です。店内の環境が観葉植物向きになっているので、自宅に持ち帰った際の環境変化のストレスが少なくすみます。

購入場所 3
園芸店で買う

野菜や草花の苗など幅広い植物を扱う町の園芸店の場合、室内向きの植物に力を入れているところ、庭用が中心など店ごとに個性があります。観葉植物なら、室内向きの植物に力を入れていて、店頭の鉢の手入れに気を配っているお店を選んで買いましょう。

購入場所 4
ネットショップで買う

めずらしい種類や人気品種をゆっくり選べるのがメリットですが、実際に見て選べないのが不安材料ともいえます。複数のショップを見比べて、それぞれ得意としている種類やこだわりなどを確認しましょう。育て方などていねいな説明がある点も確認ポイントです。

購入するときのチェックポイント

弱っている株を購入してしまうと、自宅に持ち帰ってもうまく育たないことがあります。お店で植物を選ぶときのチェックポイントを覚えておきましょう。

土の表面が湿っていても持ち上げたときに軽く感じるもの、株元が黒ずんでいたりやわらかくなっていたりするものは根詰まりや根腐れしている可能性があるので避けます。

よい株

葉先までピンと張りがある

茎や幹がしっかりしていて、株全体に勢いがある

鉢底から太い根がたくさん飛び出ていない

虫がついていたり、黒く変色したりした葉がない

生育期であれば新芽や新しい葉がよく出ている

100円ショップの観葉植物

100円ショップで購入した植物でも上手に管理すれば大きく育ちます。安いものだからダメな株ということはありません。ただし、長く売れ残っているものは状態が悪くなっている可能性があります。100円ショップの場合は入荷直後のタイミングを狙って購入するのがおすすめです。

最初の2週間はしっかり観察を

観葉植物のトラブル相談でよくあるのは、「購入したばかりなのに元気がなくなった」というもの。観葉植物は環境の変化が苦手です。購入後2〜3週間は、お店から自宅に置き場所が変わったことで変化が起きていないかしっかり観察しましょう。できるだけ明るい場所で管理します。

写真に記録して1週間後、2週間後と定期的に状態を比べるのもよい方法です。葉がパタパタ落ちたり、葉にシミができたりするなら光不足の可能性があるので置き場所を変えてみます。水やりの回数を見直すのも効果的です。

植物を育てるのに必要なもの

植物を元気に育てるには、植物の好む環境にすることが大切です。
植物栽培に必要なものを知り、適切な環境を保てるようにしましょう。

光

➡ P74

　植物は光のエネルギーを使って光合成を行い生長に必要な糖類をつくっています。光合成を行うための光は太陽光だけでなく、室内の照明でも十分な場合があります。もともと森林の木陰で育っていたような種類の観葉植物は、直射日光よりも木漏れ日のような弱い光を好みます。

風

➡ P76

　植物は二酸化炭素を吸収して光合成を行い酸素を排出していますが、同時に生きていくために酸素を吸収し二酸化炭素を出す呼吸もしています。呼吸のためにも葉や茎、枝の間に空気の流れ、風が必要です。また、風通しをよくすると生育がよくなり、病害虫の発生を抑える効果もあります。

水

➡ **P78**

植物のからだの80〜90％は水分でできていて、細胞に水が満ちることで茎が立ち上がり葉を広げ、からだを支えることができます。水が不足するとしおれるのはこのためです。水が葉から蒸散することで、根が吸収した水が引き上げられ植物の全身に行きわたります。

土

➡ **P80**

土は植物が根を張り巡らせてからだを支えるために必要な土台となります。同時に、土の中に溶け込んだ水分や肥料分、ミネラルなどの微量要素を根から吸収して生長します。根が土の中で伸びるには、適度なすき間が必要で、これにより通気性、排水性が保たれます。

肥料

➡ **P84**

植物が生長するためには、窒素、リン酸、カリウムの3つの栄養素がとくに重要です。自然の土壌中では岩石の風化や微生物による有機物の分解などによってミネラルや肥料分が供給されますが、鉢植えでは、定期的に固形肥料や液肥の形で与えることが必要になります。

植木鉢

鉢は植物を植えつける容器で、さまざまな素材やデザインのものがあります。鉢の大きさは「号」で表示されることが一般的で、1号鉢とは鉢の直径が約3cmのもののことです。号数がひとつ上がるごとに、直径が3cmずつ大きくなっていきます。角型の鉢の場合は一辺の長さを示します。

近年は中に入る土の量によって鉢の大きさを表示していることもありますが、号の基準を覚えておくと、鉢の大きさの目安がわかり便利です。

1号上がると直径が
3cm大きくなる

9cm　12cm

3号　4号

植物の大きさと植木鉢のサイズ

植物に対して鉢が小さすぎると倒れやすいうえに、水が足りなくなったり根詰まりを起こしたりします。逆に鉢が大きすぎると、鉢土に水がたまって水切れが悪くなり根腐れを起こしやすくなります。鉢を選ぶときは、植物の地上部（株元から上）の高さを目安にするとおおむねバランスがよくなります。

イラストはあくまでも目安なので、根の大きさや枝ぶりの状態によっては当てはまらないこともある。

10～40cm
程度

40～130cm
程度

130～180cm
程度

180cm以上

3～5号　6～8号　9～10号　10号以上

70

植木鉢の素材について

　店舗で売られている観葉植物の鉢は、ビニールポットやプラスチック製が一般的です。近年は、環境にやさしいリサイクル素材をうたったものもありますが、多くはプラスチックのリサイクル製品です。ほかには、陶器やテラコッタなどに植えられたものもあります。

　鉢は素材によって通気性や保水性が異なります。テラコッタは表面に多くの穴が空いている多孔質の素材なので、プラスチック製より通気性・保水性がよくなります。一方、重量があるため鉢の移動が手間です。木製の鉢もありますが、耐久性がやや劣る傾向にあります。

ビニールポット

ポリポットとも呼ばれ、本来は苗を育てるために使われる。軽く保水性はあるが、通気性は劣る。

プラスチック鉢

色や形などデザイン性にすぐれ、軽いため扱いやすい。保水性はよいが通気性は劣る。

陶器鉢

化粧鉢・塗り鉢とも呼ばれる。釉薬（ゆうやく）をかけて高温で焼くので表面は非多孔質で重い。保水性はよいが通気性は劣る。

テラコッタ

イタリア産の赤土を使った素焼きの鉢。表面は多孔質で、通気性・排水性にすぐれるが、比較的低温の焼き物のため割れやすい。

鉢のサイズと土の容量の目安

号数	直径	土の容量
3号	9cm	0.2 ～ 0.3ℓ
4号	12cm	0.5 ～ 0.6ℓ
5号	15cm	1 ～ 1.3ℓ
6号	18cm	2 ～ 2.2ℓ
7号	21cm	3.3 ～ 3.5ℓ
8号	24cm	4.9 ～ 5.2ℓ
9号	27cm	7.3 ～ 7.8ℓ
10号	30cm	8.2 ～ 8.7ℓ
11号	33cm	9.5 ～ 10ℓ
12号	36cm	13 ～ 14ℓ

＼ 植木鉢の選び方 ／

　観葉植物を育てるのに扱いやすいのはプラスチック製ですが、3～5号程度におさまる小さな株であれば、陶器やテラコッタに植えるのもおすすめです。小さいので移動も苦にならず、インテリア性が高まります。

　一方、6号鉢以上が必要な植物は、プラスチック製の鉢で管理するのがよいでしょう。大鉢になると植え替えなどで株を鉢から抜き出す際に、鉢を割らないと抜けないというケースもあります。陶器やテラコッタでは作業も大変です。必要に応じて鉢カバー（▶P60）を利用するとよいでしょう。

お手入れグッズ

観葉植物の栽培にあると便利なグッズを紹介します。最初から全部そろえる必要はありません。お世話をするうちに、必要になったものから準備しましょう。

土入れ

植え替えなどで鉢に土を入れる際に使う。大きさが異なるものがいくつかあると作業しやすくなる。

ガーデングローブ

剪定や植え替え作業のときにあると、土や樹液に直接ふれずにすむ。革製、ナイロン製、布製の軍手などさまざまな素材のものがある。

バケツ

植え替え時に土を入れたり、剪定した枝を集めたり、腰水に使ったりとさまざまに活用できて便利。普段は園芸グッズをひとまとめにして入れておくと邪魔にならない。

園芸バサミ

剪定には園芸専用のものがあるとよい。使った後は樹液などの水分を拭き取り、使う前には消毒をすると安心。

園芸シート

植え替えや樹液が出るフィカス系樹種の剪定のときに使うと、作業場所が汚れず後片づけも楽にできる。レジャーシートなどで代用できる。

水挿し

差し口が細長い水挿しは、多肉植物など株に水をかけたくない種類の水やりに便利。

霧吹き

細かい霧が出るものがよく、葉水に使う。植物の大きさに合わせて使いやすいサイズを用意する。

温湿度計

植物の栽培には気温や湿気が生育に影響を与える。デジタル式などもあるので見やすいものを選ぶ。

土壌水分計

土に挿しておくと土の乾き具合がわかり、水やりのタイミングがわかりやすい。

自動給水器

数日留守にするときに便利。写真のものは水の入った容器と鉢の高低差を利用し、鉢土に挿した器具から少しずつ水が出る。

サーキュレーター

空気を循環させるサーキュレーターは、換気や風通しをよくしてくれる。小型の扇風機でもよい。植物には直接当てないようにする。

光に合わせて植物を置こう

植物は光の量によって生育状況が変化します。
生育できるだけの光が当たるように工夫しましょう。

光の管理 1
観葉植物は明るい場所で育てる

観葉植物は明るい場所に置いて管理するのが基本です。ただし、**屋外の直射日光や真夏の窓際の光に長時間当てると、葉焼けを起こす種類が多いので注意**が必要。また、室内の暗い場所から急に日当たりのよい場所に移動させただけで葉焼けや落葉するものもあります。日陰から日向に動かすときは、1週間程度をめどに少しずつ明るい場所に移しましょう。

夏

春〜秋

光の管理 2
最適な光はレースのカーテン越し

観葉植物の生育には500〜2,000ルクス（➡**P23**）の明るさが適しています。普通のオフィスの照度が750〜1,500ルクスで、部屋の中ならレースのカーテン越しの光が当たる場所とほぼ同じです。強すぎる紫外線は葉を傷めることがあるため、**UVカットのカーテン使用もOKです**。ただし、花の色は出にくくなることがあります。強い光にも耐える種類なら、春〜秋の置き場所は明るい窓辺でよいでしょう。

光の管理 3
鉢の向きは
ときどき変える

　窓辺に置いた植物は、光がさす方向に茎が伸びたり光が当たる側ばかり生育したりすることがあります。これは植物自体に光のほうに向かって伸びる性質があるためです。窓辺に置いた植物は、ときどき鉢を回して光の当たる部分を変えてやり、**全体にまんべんなく光が当たるようにしましょう**。観葉植物の形が左右アンバランスになってしまうのを防ぐことができます。

光の管理 4
奥の手は
育成用ライト

　部屋に窓がなかったり昼間でも日当たりが悪かったりして、**十分な明るさが得られないときには、照明を使うのもひとつの方法**です。植物の育成用ライトなら太陽光に近い光で、タイマー付きなどもあり管理がしやすいでしょう。スタイルもスタンド式、吊り下げ式、クリップ式など場所によって選べます。市販の照度計を使えば、植物に当たっている明るさ（ルクス）を測定できます。

光の管理 5
冬の夜は気温にも注意

　冬の間、窓辺に鉢を置くときは、1日の気温変化にも注意しましょう。冬の窓辺は、昼間は暖かくても**夜には気温が下がって植物を傷めてしまうことがあります**。夜は窓辺から遠ざけたり、新聞紙や段ボール、断熱用のシートで囲んだりするなど、冷気が直接当たらないように工夫しましょう。

風を通して蒸れを防ごう

観葉植物は枝や茎の間、葉と葉の間に風を通すことで元気になります。
意識的に風の通り道をつくるようにしましょう。

風の管理 1
閉めきりの空間は
植物も息苦しい

植物は光合成によって二酸化炭素を吸収し酸素を出しています。一方で、生命を保つために呼吸をしていて、そのときには酸素を吸収し二酸化炭素を排出します。夜は光合成ができず、暗い場所や高温で乾燥しているときも酸素の消費が多くなります。**植物が健康な状態を保つためには、新鮮な空気に包まれていることが必要**です。ときどきドアや窓を開けて換気を行い、のびのびと呼吸し光合成をして健康な状態を保てるようにしてあげましょう。

NG

風の管理 2
エアコンの直風は
ダメージ大

エアコンの風は冷房でも暖房でも直接当たると乾燥が強くなります。**植物は一般に乾燥した空気が苦手**です。乾燥すると蒸散が激しくなり、植物のからだから水分が失われやすくなります。無風状態も好まず、葉がわずかにゆれる程度の風が理想です。室内に置くときは、エアコンの風が直接当たらない場所を選び、どうしても避けられないときは風よけカバーやカーテンなどで風向きを調節しましょう。

風の管理 3

風通しをよくすることは 病害虫の防除にもなる

枝や茎、葉が密生している植物は、茂みの内部に新鮮な空気が入りにくく、蒸れやすい状態になっています。株の中が**蒸れた状態になると葉や茎が枯れる**ことがあり、湿った空気がこもった状態では鉢の中の水も蒸発しにくく、**根腐れの原因**にもなります。鉢土の表面にカビやコケが生えたりして不衛生になりがちなのも心配です。カイガラムシやハダニの発生も風通しの悪い環境で多くなりがちなので、こうしたトラブルを避けるためにも、株の中に風が通るように工夫をしましょう。

風の管理 4

風が通りにくい部屋の隅には人工の風を送る

室内ではドアや窓の位置によっては風通しが悪く、空気がよどみがちな場所ができてしまうことがあります。部屋の四隅やはきだし窓のない部屋では、窓の下なども空気がたまります。**空気がたまりよどんでいる状態は、人間と同じように植物にとっても生活しにくい息苦しい場所**です。植物を置くときはなるべく通気のよい場所を選ぶようにしましょう。

とはいっても、住宅の間取り上、部屋の隅のスペースは植物を置くのにちょうどよいことが多いのも事実です。そのようなときは、扇風機やサーキュレーターを使いましょう。扇風機は広い範囲に風を送り、サーキュレーターは直線的に風を送る効果があります。使うときは、植物に直接風を当てないように注意しましょう。

水やり頻度は植物に合わせよう

植物のお世話では水やりがキーポイント。
鉢土や植物の状態を見て、回数の間隔を調節しましょう。

水の管理 **1**

水やりの基本は
根鉢が乾いたら

　鉢植えの観葉植物の場合、毎日の習慣として水やりを行うのはNGです。基本は、根が生えている植木鉢の中心部分まで乾いたとき(根鉢が乾いたとき)が水やりのタイミングです。季節や植物の種類によっては、表土が乾いた状態で与えることもあります。

　水は**鉢底の穴から水が流れ出るまでたっぷりと与えます**。土が団粒構造(➡P83)になっていると、水とともに新鮮な空気も土の中に行きわたります。**鉢の中に水がいつも残っている状態は根が腐る原因です**。

＼ 乾き具合のチェック法 ／

◎ **棒をさしておく**
わりばしや木の棒を鉢土に突きさしておき、棒を抜いて湿り具合を確かめます。

◎ **鉢の重さを覚えておく**
水を与える前と与えた後に鉢を持ち上げて、体感的な重量を覚えておきます。鉢を持ち上げて重さから湿り具合を推測します。

◎ **水分計を使う**
土壌水分計(➡P73)を使うと、鉢の中の乾燥具合を数値化して知ることができます。

1 必ず鉢土を手で触り、乾き具合をチェックする。表面の土をよけて少し下まで確認するとよい。

2 鉢の中心部まで土が乾いているようなら、たっぷりと水を与える。

3 水やり後しばらくおいてから、受け皿にたまった水を捨てる。

霧吹きでマイナートラブルを予防する

霧吹きで葉に水を吹きかけることを「葉水」といいます。**葉水は観葉植物を管理する上で欠かせない作業です。**

夏の暑い時期は一時的に温度を下げてくれ、エアコンなどで乾燥した部屋では一時的な加湿になります。湿度にメリハリをつけると植物の生育もよくなります。また、葉についたチリやホコリを洗い流してくれるので、光合成がしやすくなり、病害虫を予防する効果もあります。**毎朝1回が基本ですが、春〜夏の時期で乾燥する環境なら、夕方にもう1回行うのがおすすめです。**

1 霧吹きで葉に水滴がつく程度に水を与える。

2 葉の表側だけでなく、裏側にもしっかりとかける。

休眠期は回数を減らす

多くの観葉植物には、活動が活発になる生育期と比較的ゆるやかになる休眠期があります。**休眠期の根は水をあまり吸収しないので、生育期よりも乾かし気味に管理します。**乾かし気味とは1回に与える水の量を減らすのではなく、根鉢が完全に乾いてから数日待って与えるなど、水やりの回数を減らすということです。与えるときは基本の水やり通り、鉢底の穴から水が出るくらいたっぷりと与えます。葉にしわができていたり、葉が縮んで見えたりしたら乾燥のサインですので水を与えましょう。

土が完全に乾いてから数日待つ

土は質のよいものを使おう

観葉植物の鉢植えに使う土は市販の専用土がおすすめです。
自分でつくるなら水はけや通気性がよく、水もち・肥料もちのよい土にします。

観葉植物の専用土は多くの観葉植物に使える。挿し木には、挿し芽やタネまき用の土がおすすめ。

土の管理 1

慣れないうちは専用土が便利

　土は一見どれも同じように見えますが、野菜用、観葉植物用、鉢花用などで成分や酸度などが異なります。植物ごとに栽培に向く土が違うためです。観葉植物であれば、水はけのよい土を意識するとよいでしょう。

　土選びは植物の性質を知って行うのが理想ですが、最初からすべて自分でやろうとすると失敗しがちです。手軽にすませたいときや、**初心者なら「観葉植物の土」「多肉植物の土」など、植物に合わせて調整された市販の専用土を使うのがおすすめです。**

購入後はしばらくそのままで

　観葉植物は、プラスチック鉢や育苗用の黒いビニールポットに入って販売されているのが一般的です。購入後は好みの鉢に植え替えてもよいのですが、観葉植物は環境の変化が苦手なため、しばらくはそのままの状態で育てるほうが安心です。気になるようなら鉢カバー（➡**P60**）を使って、おしゃれに楽しみましょう。

　大きく育ってきたら植え替えが必要です。株の大きさに合う鉢（➡**P70**）を用意して、生育期に植え替えを行います。

土の管理 2

慣れてきたら
土のブレンドに挑戦

　植物をしばらく育て、水やりを行い、植え替えや鉢上げを何度か経験していくと、植物の好む土や元気に育つ土がわかってくることがあります。栽培に慣れてきたら、土をブレンドして土づくりにチャレンジしてみるのもよいでしょう。植物とつき合う楽しみがワンステップアップします。**ブレンドでは清潔な赤玉土や鹿沼土をベースにして、調整用の土やピートモスなどを混ぜていきます。**

古い土は
リサイクルを

　長く使って粉状にさらさらとこぼれる土は栄養素もなくなり古くなっているので、植え替え時に新しい土に替えましょう。
　古い土はふるいにかけて根や害虫などを取り除き、腐葉土や赤玉土、堆肥、野菜や花用の培養土などを3分の1程度混ぜて湿らせ、しばらくおいておきましょう。再生した土はまた植物を植えるときに使えます。

よく用いられる用土

赤玉土

火山灰土の下層部にある赤土のかたまり。大粒・中粒・小粒に分類される。保水性、排水性、保肥性にすぐれる。

鹿沼土

赤玉土に似ているが、赤玉土よりやや酸性になる傾向がある。保水性、排水性、通気性にすぐれる。

腐葉土

落ち葉などを長時間かけて発酵させたもの。水はけ・水もち・肥もちをよくするため赤玉土や鹿沼土に混ぜて使う。

パーライト

真珠岩という天然の岩石を高温で熱してつくった土で多孔質。水はけ・水もちをよくするための調整用に使う。

バーミキュライト

苦土蛭石という鉱物を高温で焼いてつくった土で多孔質。肥もち・水もちをよくするための調整用に使う。

ピートモス

コケやアシ、ヌマガヤなどの植物がたい積してできた泥炭を乾燥させたもので、酸性を示す。水もちと肥もちをよくする。

用土をブレンドするとき

　複数の用土を混ぜるときは、ガーデニング用の園芸シートやバケツなどを使うと土がこぼれずに便利です。重量の軽い用土から入れ重いものを上にすると、混ぜ合わせやすくなります。**スコップなどで土を上下に返すように混ぜ合わせましょう。**

　用土やブレンド土が余ったときは、厚めのビニール袋に入れて口をしっかり閉じ、直射日光や雨の当たらない場所で保管します。夏に気温が上がりすぎる場所も避けましょう。

観葉植物
向けの配合

腐葉土 4
赤玉土 4
鹿沼土 2

通気性や保水性のある基本のブレンド。腐葉土の代わりにバーミキュライトを使ってもよい。

ハンギング
向けの配合

バーミキュライト 3
赤玉土 4
ピートモス 3

容量を軽くするためのブレンド。バーミキュライトやピートモスで保水性、保肥性が高まる。

多肉植物
向けの配合

腐葉土 2
赤玉土 3
ピートモス 1
パーライト 1
バーミキュライト 1
鹿沼土 2

過湿が苦手な植物には排水性の高いブレンドを。水やりの管理ができる人にもおすすめ。

シダ類
向けの配合

ピートモス 4
赤玉土 5
バーミキュライト 1

保水性の高いブレンド。水やりを忘れがちな人も保水性を高めておくとよいが、過湿が苦手な植物には注意する。

植物にとってよい土とは？

　植物が健やかに育つ土は、空気や水分が適度に含まれていて、なおかつ水はけのよい土です。水はけがよいことと水もちがよいことは矛盾するようですが、これを同時に実現させるのが「**団粒構造**」という性質です。小さな粒子が適度な大きさに固まっていて、粒子の間に水や空気を保つとともに、余分な水分は速やかに排出します。この粒子間を細かい根が伸びて水分や養分を吸収し呼吸もします。こうした条件のよい土は、手で握るとくずれず固まって形を保ちます。

土の粒子が適度に固まり団子状になったものが団粒構造。

土の管理 **3**

土を使わないハイドロカルチャー

　ハイドロカルチャーは水耕栽培のひとつで、土を使わないため**清潔**で、**虫が寄りにくい**などの利点があります。容器は水もれしないものを使うので、お気に入りのガラスビン、グラスなどを使うとインテリア感が高まります。土の代わりになる素材は洗ってくり返し使えます。一方、植物が大きく育ちにくく、根から出る老廃物が容器にたまったり水が温まったりすることで、根腐れを起こしやすい傾向があります。液肥や活力剤、根腐れ防止剤など植物を元気に育てる資材を活用しましょう。

ハイドロカルチャーは通常の土の代わりに無機質の素材を使う。

ハイドロカルチャーの素材

ハイドロボール

レカトン、発泡煉石ともいう。粘土を固めて1200℃近い高温で焼いた石。水分が蒸発した跡が細かい穴になり、水や空気を保つ。

木炭

広葉樹を焼いてつくった炭を細かくくだいたもの。多孔質で有害物質の吸着、脱臭効果がある。

根腐れ防止剤

ハイドロボールや木炭を入れる前に、器の底に入れて使う。珪酸塩白土のミリオンや、ゼオライトなどが使われる。

肥料を与えて元気に育てよう

鉢植えの観葉植物にとって、肥料は生育のための栄養源となります。
必要なときに十分与えて、元気に育てましょう。

窒素（N）
葉に効く要素で、葉や茎など植物のからだをつくる。葉緑素に必要なため不足すると葉が黄色くなる。

リン酸（P）
花に効く要素で、不足すると花や実つき、根の生長が悪くなる。細胞分裂をさかんにする効果がある。

カリウム（K）
根に効く要素。栄養素の吸収や不要物質の排出を活発にすることで、根や茎を丈夫にする。

肥料の管理 1
肥料の役割を知っておく

植物の生長には水や微量のミネラルとともに、窒素（N）、リン酸（P）、カリウム（K）の3つの栄養素がとくに重要です。これらは「肥料の3大要素」と呼ばれています。

なかでも窒素は、葉や茎など地上部の植物のからだをつくるために必要で、**窒素が不足すると葉の色が悪くなったり黄色くなって枯れ落ちたりします。** そのため市販の観葉植物の専用土には窒素が多めに含まれているものがあります。3大要素の役目を覚えて適切に使いましょう。

固形肥料
粒状、粉状などの固体のもの。ゆっくりと効く。

液体肥料（液肥）
液体の状態になっているもので、水に薄めて使うものが多い。即効性がある。

肥料の管理 2
おすすめは化成肥料

肥料には、鶏糞や油かすのような天然の材料からつくった有機質肥料と、上記の3要素を化学的に合成してつくった化成肥料があります。**室内で育てる観葉植物には、においのない化成肥料**がおすすめです。肥料の袋には窒素（N）、リン酸（P）、カリウム（K）の割合が数値で書かれているので、成分の割合を確かめて使いましょう。

肥料の管理 3
生育期に肥料を与えて生長の手助けをする

肥料は植物の活動が活発な生育期に与えます。おおむね5〜10月が適期ですが、気温が30℃を超える時期は控えます。生育状態がよければ5〜7月の間だけでもOKです。**休眠期は肥料を与えません。**

肥料を施す量はパッケージに書いてあるので、規定量を守って使いましょう。**肥料の与えすぎは植物の生育に逆効果**ですから、液肥は規定量よりも少し薄めにして使うと与えすぎを避けることができて安全です。

肥料の与え方

肥料を与えるタイミングは「生育期」です。
固形肥料なら2か月に1回程度、液肥は1〜2週間に1回程度が目安です。

固形肥料は土の上に置く。肥料分が少しずつ浸透し、効き目が長く続く。

液肥は水で薄めて、水やりと一緒に与えるのが一般的。効き目が短い。

植え替え時の肥料

植え替え時は元肥用肥料として市販されている「マグァンプ」を使うのがおすすめ。

観葉植物の専用土を使う場合は、最初から肥料が入っているものもあるので、その場合は必要ない。

大きくなったら必要な作業

育てている観葉植物が大きくなってきたら植え替えや剪定が必要です。
さらに元気に育てるための作業を、しっかり覚えておきましょう。

植え替え

植え替えの目的

◎ 根詰まりの予防や解消

根詰まりをそのままにしておくと、やがて枯れてしまいます。根の状態をチェックしつつ、大きな鉢に替えることで根が十分に育つスペースをつくります。

◎ 土の劣化の解消

鉢内の土は時間とともに栄養分がなくなり雑菌などが増え、水はけも悪くなります。劣化した土は根腐れの原因にもなるので、新鮮で良質な土に替えます。

植え替えのタイミングは?

生育が旺盛な株なら1〜2年に1回、生育が遅いものでも2〜3年に1回が目安。次のような状態のときは植え替えが必要です。

● 鉢の大きさとのバランスが悪くなった
● 鉢底から太い根がたくさん飛び出てきた
● 鉢土の乾きが早くなった
● 水やりの際、水の浸透が悪い

株に元気がないときも、植え替えによって生気を取り戻すことがあります。**適した時期は、気温が15℃以上になる5〜9月ごろ。ただし、30℃以上の真夏日や長雨が続くときは避けます。**

根の環境を整える植え替えで株をリフレッシュさせる

植え替えとは、鉢植えの植物を新しい土を使って別の鉢に植え直す作業です。

植物は地上部が大きくなると同時に、土の中の根も生長します。鉢の中が根でいっぱいになると根詰まりを起こし、水分や養分を吸収できずに生育に悪影響を与えます。**植え替えは、根詰まりを避けるために行います。**

通常は、ひと回り大きな鉢に植え替えることで植物が大きく育ちます。根が伸びるスペースが確保され、新しい土からミネラルなどの栄養分を補給することができるからです。

植え替えは植物にとっては大きな負担になる作業のため、多少のストレスでも早めに回復できる**生育期に行うことが大切**です。

剪定

剪定の目的

◎ 枝葉が混み合った状態の解消

観葉植物が元気に育つために必要な要素には「光」や「風」があります（➡P68）。生育が旺盛で枝や葉が密集した状態だと、株の中に風や光が入らずに植物が弱ってきます。

◎ 見た目をよくする

観葉植物を育てていると、枝が伸びすぎて邪魔になったり、落葉して見た目が悪くなったりすることがあります。剪定は枝のバランスを整えられ、葉の生育を促す効果もあります。また、大きくなりすぎたものをコンパクトに仕立て直すこともできます。

見た目を整え風通しをよくする剪定で、植物と長くつき合う

剪定とは、植物の不要な茎や枝を切り落として、全体の形を整えることです。

生長して枝や葉が密集すると、株内の風通しが悪くなります。**風通しが悪いと、じめじめと蒸れて全体が弱ったり、病害虫を呼び寄せたりする原因**になります。また、不要な枝をそのままにしておくと、主要な枝葉に養分が届きにくくなり、**生育も悪くなります**。

枝葉が混み合って風通しが悪くなっているものや、樹形が乱れバランスが悪いものは剪定で健康な状態を保つようにしましょう。

剪定で大切なことは?

剪定は、**2〜3年に1回程度が目安**。植物の生育期に行うのが適しています。**5〜7月ごろで、湿度の低い晴れた日**がよいでしょう。湿度が高いと切り口が乾きにくく、そこから傷んでしまうことがあります。

剪定バサミがあれば太めの枝も切れますが、枝の細い種類の植物なら一般的な園芸用のハサミでも大丈夫です。大切なのはサビなどがない清潔なものを用意すること。剪定前にはアルコールスプレーやシートなどで消毒し、使った後は洗って樹液などを取り除き、しっかり乾かしておきます。

植え替えと株分け

株分け（➡P98）は植物を増やすための作業で、生長し子株のついた株を親株と分けて育てるものです。植え替え作業と同時に行えるので、大きくなりすぎた株をコンパクトに保ちたいときには、植え替え時に株分けをすると、親株を元の大きさの鉢に植えつけられます。

植物を大きく育てたいときは植え替えで生長を促し、大きさを保ちたいときは株分けで小さくまとめるとよいでしょう。

植え替えてみよう!

植え替えでは、元の鉢に植え替える場合と、
ひと回り大きな鉢に植え替える場合とがあります。基本のやり方を覚えておきましょう。

元の鉢に植える

植物の大きさを留めておきたい場合は、根鉢を小さくし、
枝や葉の数を減らして元の鉢や同じサイズに植え替えます。

ひと回り小さくして植え替えると大きくなりすぎるのを防げる。

1 鉢から株を出し、根鉢の底をくずしながら、土と根を取り除く。

2 太い根がある場合は清潔なハサミでところどころカットしてもよい。

3 根鉢の上部も土をくずす。

4 根鉢全体の2～3割程度の土と根を落とす。

栽培POINT

植え替え後の管理

植え替えや株分け（➡**P98**）の後は、株元全体にしっかり水やりをします。鉢底から出る水が透明になるまでやりましょう。1週間ほどは、明るい日陰で直接風の当たらない場所で養生させます。生育期でも肥料は2週間ほど控え、やり始めは規定の量よりも薄めにしてスタートします。

5 鉢に鉢底網と鉢底石を敷き、新鮮な土を入れる。

6 株を入れ高さを調整しながら、土を入れていく。

7 わりばしなどで土を突き、根の間にも土を流し込む。根を傷つけないように注意。

8 ウォータースペース（➡**P65**）まで土を入れたら、手で土をしっかり押さえて株を固定させる。

9 傷んだ葉や古くなった下葉を取り除く。枝葉が密集していれば剪定する。

10 葉を切るなら斜めに。全体の2～3割の枝葉を取り、植え替え後はたっぷり水を与える。

大きな鉢に植え替える

植物を大きく育てていきたい場合は、植え替えのときに元の鉢よりも1～2号大きな鉢を用意しましょう。大きすぎる鉢は土内の水が乾きにくく根腐れを起こす原因になります。

1 根詰まりして水を吸収できていない状態。鉢とのバランスが悪くなった株も植え替えが必要。

2 ひと回り大きな鉢に鉢底網と鉢底石を敷き、新しい土を入れる。

3 古い鉢から株を抜く。このとき土が固まりすぎている場合は、少しほぐしておく。

4 新しい鉢に株を入れ、高さを見ながらウォータースペース（➡**P65**）まで土を入れる。

5 土を手でしっかり押さえて、株を固定させる。

6 鉢底から透明な水が流れ出るまでたっぷり水をやり、通常通り管理する。

ハイドロカルチャーに植え替える

ほとんどの観葉植物は、土植えからハイドロカルチャーに植え替えられます。ハイドロカルチャー用の素材と底穴のない器を用意しましょう。

1 器の底が隠れる程度に「ミリオン」などの根腐れ防止剤を入れてから、ハイドロボールを入れる。

2 土植えの株を鉢から抜き、根鉢をくずして土を落とす。根が傷つかないよう注意する。

3 バケツの水で根の土を流す。何度か水を換え、土が残らないようにする。

4 器の中に株を置き、ハイドロボールを入れて植えつける。

5 わりばしなどで突いて、根の間にもハイドロボールを流し込む。

6 水は根の半分程度の位置まで入れる。ガラスが太陽光で温まらないよう明るい日陰に置いて管理する。

寄せ植えに挑戦してみよう!

寄せ植えは、複数の株をひとつの鉢に植えつけたものです。観葉植物は生育上、
寄せ植えは避けるほうが無難ですが、ポトスなら失敗が少なく楽しめます。

ポトスの寄せ植え

ポトスははじめての寄せ植えにおすすめの
観葉植物です。3.5号のポット苗を3種類用
意し、5号鉢に寄せ植えをします。

葉色の違う品種を選ぶとひと鉢でも華やかになる。

1 鉢に鉢底網と鉢底石を敷き、新鮮な土を入れる。

2 寄せ植えをする株をポットから抜き、根鉢の土を半分ほど落とす。

3 鉢の正面を決め、正面から見たバランスを確認しながら株を鉢の中に入れる。

4 つるや葉が前方や左右に少し飛び出すなど、動きのある配置がおすすめ。

寄せ植えのコツ

観葉植物の寄せ植えには、単体でも育てやすいポトスやヘデラがおすすめです。同じ種類で、斑入りや葉色の違うものを選ぶとよいでしょう。寄せ植え株は、すべてきれいに正面を向かせるのではなく、左右非対称にしてつるや葉に動きをつけた配置にすると、ナチュラルな雰囲気に仕上がります。

5 配置が決まったら、すき間を埋めるように土を入れる。

6 わりばしなどで土を突き、すき間にも土を流し込む。根を傷めないように注意する。

7 ウォータースペースまで土を入れながら、全体のバランスの微調整をしていく。

8 鉢を両手で持ち、トントンと鉢で地面を軽く叩いて、土を落ち着かせる。

9 鉢底から透明な水が流れ出るまで、たっぷりと水やりをする。

10 通常通りのポトスの管理で育てる。生長し、鉢がいっぱいになったら株分けを。

93

剪定してみよう!

剪定は生育期の春〜秋に行いますが、新芽が出て生育が旺盛になる
5〜6月ごろが最適です。怖がらずに挑戦してみましょう。

大きくなりすぎたもの

左右に広がりすぎたり、背が高くなりすぎた
ものは、枝を短く切りつめた剪定をします。

左右に広がる枝ぶりはシェフレラの特徴だが、広がりすぎる
とスペースをとってしまう。

広がった枝を剪定し、曲線の樹形を生か
した。

剪定ポイント 1

残す枝を考える

剪定後の樹形を想像し、残す枝を考えて間伸びして
いる枝は切る。順調に生長している植物ならすぐに
伸びてくるので、切るときは大胆に。

剪定ポイント 2

切るときは葉の上の位置で

OK　NG

葉柄のつけ根に近いところで切ると新芽が出やすい。こ
れはどの剪定でも共通。葉柄から離れた位置で切ると、茎
が飛び出た姿になり不恰好。

葉が密集しているもの

大株も小株も葉がつきすぎると、生育が悪くなります。密を解消するように剪定します。

Before

After

葉が密集したシェフレラ。不要な枝葉や密集した部分の枝は、つけ根から切り落とし、風の通り道をつくるイメージで剪定する。

傷んだ葉、枯れた葉など不要な葉を取り除く。

密集しているところを中心に、枝が透けて見えるよう、全体のバランスを確認しながら剪定していく。

下葉が落ちたもの

生長にともない下葉が落ちて、上部にばかり葉が繁ることがあります。剪定で葉のつき方を調整します。

1 下葉が落ちて、元気な葉が先端だけになってしまった状態のフィカス。

2 葉が抜けている枝は切る。切ったところから新芽が出るので、新芽が伸びる姿を想像しながら切る位置を選ぶ。

3 伸びすぎた上部も剪定。新芽が伸びてくると中央部あたりにも葉が増えてくる。

植物を増やしてみよう!

順調に大きく育っている観葉植物なら、その植物を利用して株を増やすことができます。
ここでは3つの方法をご紹介します。

初心者でも簡単なのは
株分け・挿し木・葉挿し

　観葉植物の株を増やす方法はいろいろありますが、はじめての人でも挑戦しやすいのは「株分け」「挿し木」「葉挿し」の3つです。

　植物によって成功しやすい方法が異なるので、適切なものを選んでチャレンジしてみましょう。

＼ 種苗法について ／

　種苗法は、新品種をつくった生産者の権利を守るために、品種登録されている植物を無断で増やすことを禁じる法律です。

　一般に広く流通する種類は無登録が多く、園芸花や果物などに比べると、観葉植物は種苗法の心配はあまりありません。ただ新しい品種や希少品種は注意が必要。登録品種は、農林水産省のWEBページで検索することができます。

株分け ➡ P98

子株を増やして大きくなった植物の株を複数に分ける方法。鉢から株を抜き、根鉢を分けるのが一般的なやり方です。

挿し木 ➡ P100

葉のついた枝を切り取って土に挿す方法。剪定した枝などを使うことができるので手軽な方法です。株の先端の若い枝を使います。

葉挿し ➡ P101

葉をそのまま、または小さくカットして土に挿す方法。葉挿しのできる植物は限られており、肉厚の葉をもつ植物に向いている方法です。

作業の準備　植物を増やす作業をする前に、作業がスムーズにでき、失敗が減るちょっとしたコツを知っておきましょう。

株分けをする前に

　株分けする株は、鉢の中が根でいっぱいになり、土も固くなってしまっていることがよくあります。そのため、株を鉢から抜こうと思ってもスムーズに抜けないことが少なくありません。抜きづらいときは、鉢の側面を押したり、叩いたりすると土がくずれて抜きやすくなります。

　また、株分けの前は1〜2日水やりをせずに土を乾かしておくと作業がしやすくなります。

1　鉢底から太い根が飛び出し根詰まりしている株。簡単に抜くことができない。

2　鉢から株を抜く。抜きづらいときは、鉢を横から押して圧力をかける。

3　鉢の縁を叩くのも効果がある。どうしても抜けないときは鉢を割る。

大鉢の場合は、ハンマーなどで鉢の周囲や縁を叩く。

挿し木や葉挿しをする前に

　挿し木や葉挿しは、植物の一部を切り取った切り口から発根させる方法です。切り口を保護し、発根を促す効果のある薬剤を使うと成功率が高くなります。メネデールはよく使われる発根促進剤です。

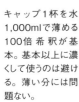

キャップ1杯を水1,000mlで薄める100倍希釈が基本。基本以上に濃くして使うのは避ける。薄い分には問題ない。

挿し木の場合は、メネデール希釈液に2〜3時間つける。

葉挿しの場合は、霧吹きを使って希釈液を土に染み込ませる。

株分け

株分けは植物を増やす目的のほか、株をリフレッシュさせる役割もあります。株を分けて植え替えることで、それぞれの株が新しく生長していきます。

1 株分けする株を鉢から抜いた状態。茎や葉を手で探りながら、株の分かれ目を見つけておくと、その後の作業がしやすい。

2 1で見つけた株の分かれ目に沿いながら、根鉢の下のほうから株の根を分けていく。しっかりと根が張っている株なら、多少根が傷ついても問題ない。

3 太い根が絡んで分けにくいときは、ハサミやナイフで切ってもよい。清潔でよく切れるものを用意し、使用前にはアルコールなどで消毒しておく。

4 株が2つに分かれた状態。株の状態によっては、2つ以上に分けることもできる。黒くなって傷んでいる根があれば取り除いておく。

5 鉢底網を置いた鉢に鉢底石（軽石など）を入れる。鉢穴が隠れ、底全体が見えなくなる程度を目安に敷けばよい。

6 鉢底石の上に新しい観葉植物の専用土を入れる。鉢の高さの3分の1ほど入れる。

※株分けしている植物はオリヅルランです。
栽培の管理はポトス（➡P178）に準じてください。

7 株分けしたひとつを鉢に入れ、高さを調節しながらさらに土を加えていく。

8 わりばしなどの細い棒で土を突いて、根のすき間まで土を流し込む。このとき、できるだけ根を傷つけないように注意しながら行う。

9 土を手でしっかり押さえて締め、株を固定させる。押さえたことで土が下がったら、ウォータースペース（➡P65）の位置まで土を加える。

10 残っている株も、別の鉢に同じように植えつける。

11 鉢底から透明な水が流れ出るまで水やりし、直射日光の当たらない風通しのよい場所に置いて管理する。強い風は直接、株に当たらないようにする。

株分けに向く植物

ここで紹介しているような株分けは多くの観葉植物で行うことができます。

- アジアンタム
- エスキナンサス
- シッサス ・シンゴニウム
- スキンダプサス
- ストレリチア ・ピレア
- ベゴニア ・ヘデラ
- ペペロミア ・ポトス
- ホヤ など

挿し木

挿し木するために土に挿す枝のことを「挿し穂」といいます。
挿し穂は枝先の若い枝を使うようにしましょう。

1 茎を10cmほどつけて元気な枝を切り取り、葉を半分〜4分の1ほどに切る。

2 メネデールなどの発根促進剤を入れた水に、挿し穂の切り口を1〜2時間ほど挿しておく。

3 鉢に挿し木用の用土を入れ、霧吹きで土を湿らせる。

4 挿し穂を土に挿し、たっぷりと水を与える。風通しのよい場所で、土が乾いたら水を与える。発根するまで1か月ほどは動かさない。

挿し木に向く植物

- エスキナンサス
- エバーフレッシュ
- コーヒーノキ
- シェフレラ　・シッサス
- シンゴニウム
- スキンダプサス　・ドラセナ
- パキラ　・ピレア
- フィカス　・フィロデンドロン
- ベゴニア　・ヘデラ
- ペペロミア　・ポトス
- ホヤ　・モンステラ　など

水挿し

挿し穂を水に挿しても楽しめます。

1 挿し穂のつくり方は上記と同じ。枝全体に葉がつくものは下葉を落とす。

2 水に挿す場合は、枝の切り口を斜めにカットする。水の揚がりがよくなる。

3 発根後も水耕栽培できるが、土に植えつけてもよい。

葉挿し

葉挿しはできる植物が限られています。葉挿し向きの代表的なものがサンスベリアで、多肉植物の一部も葉挿しでよく増えます。

挿し木や葉挿しをするときは、水はけがよく雑菌の少ない土が適している。市販の専用土を使うのが便利。今回はサンスベリアで葉挿しを行う。

葉挿しに向く植物
- サンスベリア
- ベゴニア（宿根性）
- ペペロミア　・エケベリア
- クラッスラ　・セネシオ

1 清潔なハサミやナイフを使って、サンスベリアの葉を6〜10cmの長さにカットする。

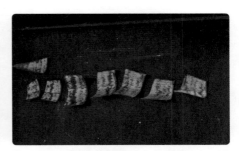

2 カットした葉は、葉先と根の方向を間違わないように並べ、2〜7日ほどおいて切り口を乾燥させる。

3 切り口が乾燥したら、鉢皿に挿し木の専用土を入れ、メネデールなどの発根促進剤を含ませた水で土を湿らせる。

4 根のほうを下にして、土に挿す。少し埋め込むようにして葉が動かないように固定する。

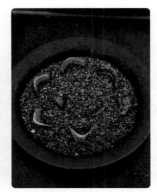

5 風通しのよい明るい日陰に置く。土が乾いたら霧吹きで湿らせる。1か月ほどで発根したら、植え替えてもよい。

観葉植物の3大トラブル

観葉植物を育てていてよく起こるトラブルが「変色・落葉・元気がない」。
あわてずじっくり観察して、原因を探り対処しましょう。

トラブル 1
葉の変色・変質

葉の緑色が薄くなったり黄色くなったり、茶や黒に変色したりするトラブルを経験する人は多いでしょう。斑入りの葉の場合は、斑の色が薄くなったり、シミができたりもします。

また、大きな葉が広がるタイプの植物には葉が変色する前に縁が外側に巻き込むなどの変化がみられることもあります。光や水の量が原因になることが多いのですが、肥料のやりすぎで根が傷み、葉が変色することもあります。

原因① …… 光の過不足

症状 光が不足していると、葉色が本来のものより薄くなったり濃くなったり、斑入り種は斑が消えたりすることもあります。生育期でも新芽が出ずに、葉の厚みが通常より薄くなる症状も。逆に光が強すぎると、葉がチリッと焼けたような、いわゆる葉焼けが起きます。色が抜けたようになることもあります。

対処 光が足りない場合は、数日かけて段階的に日当たりのよい場所に移動させましょう。ストレリチアなどは日光に十分当てると花が咲きます。光が強すぎる場合は、直射日光を避けられる場所か、カーテン越しの明るい場所に置いて管理します。葉焼けした葉は元に戻らないので、つけ根から切り取ります。

光不足で変色や変質しやすいもの

◎ フィカス・アルテシマなど
◎ コルディリネ　◎ パキラ
◎ フィロデンドロン
◎ 斑入り種

強光で変色や変質しやすいもの

◎ アジアンタム
◎ アスプレニウムなどのシダ類
◎ カラテア
◎ ポトス
◎ モンステラ
◎ ヤシ

葉先が葉焼けした
アスプレニウム

原因② ┈┈ 乾燥

症状 乾燥のおもな要因は水切れとエアコンです。水切れの乾燥は、葉が変色し、やがて枯れることもあります。エアコンを使う季節は空気が乾燥し、葉が薄いシダ類やヤシ類は葉がチリチリになってくることがあります。

対処 水切れが原因の変色は葉が枯れる前ぶれ。変色した葉は取り除き、たっぷりと水を与えて回復を待ちましょう。エアコンでの乾燥は、加湿器を使ったり、葉水を与えたりして空気の乾燥を防ぎます。

乾燥で変質しやすいもの

◎ シェフレラ　◎ ドラセナ
◎ フィロデンドロン

水切れで葉が乾燥したハイドロカルチャーのヘデラ。

原因③ ┈┈ 低温

症状 高温多湿を好む観葉植物は、低温で葉色が黒ずんだり、葉がしわしわになったりすることがあります。冬は朝晩の冷えで土と根が冷えて傷み、葉に変調があらわれます。また、冷気による葉焼けもあります。

対処 冬の間はできるだけ暖かい室内に置き、冷気の入る窓からは離しておきます。鉢内の土を乾かし気味に管理するとダメージが少なくなります。春に暖かくなってから水を与えて新芽が出てくるようなら復活します。

低温で変質しやすいもの

◎ アグラオネマ　◎ カラテア
◎ コーヒーノキ　◎ シッサス
◎ シンゴニウム　◎ パキラ
◎ ポトス　◎ モンステラ

寒さに当たった葉がしわしわに縮んだコーヒーノキ。

原因④ ┈┈ ハダニ

症状 ハダニがつくと葉がかすみがかったように薄くなります。養分が吸われ、吸われた部分の葉緑素が抜けて葉が白っぽくなるのです。葉裏に寄生し、目では確認しにくいですが、葉を触るとざらりとした感触で、指に茶色のすすのようなものがつきます。

対処 発生したらすぐに株全体を水洗いし、水分を拭き取った後、薬剤を散布して駆除します。薬剤はスプレータイプが使いやすいでしょう。

ハダニがつきやすいもの

◎ エバーフレッシュ
◎ コルディリネ
◎ フィカス類

ハダニが原因で葉裏の色が抜けたフィカス。

※トラブルの原因は環境によりさまざまです。植物の状態によっては紹介している対処法でも回復できないことがあります。　**103**

トラブル
2
落葉

観葉植物はほとんどの種類が常緑で、冬もほとんど落葉しません。葉が落ちるのは水不足か逆に与えすぎている場合などが原因として考えられます。高温多湿を好むタイプでも、鉢の中が過湿になり根腐れを起こすと落葉してきます。乾燥に弱いものは水切れのほかエアコンの風などで落葉することもあります。

なお、生育旺盛な株でも落葉しますが、新陳代謝など自然現象の場合は問題ありません。育ちすぎて根詰まりしている場合は植え替えで対処します。

原因① ……… 通常の新陳代謝

症状 外側や下側の葉が茶色や黄色になって落葉するのは、植物の生理現象です。常緑の植物でも葉は永久に緑を保つわけではなく、古くなると落葉して新しい葉に交替します。生育期に新芽が出てくれば問題ありません。

対処 古くなった葉は生育期につけ根から取り除きます。新芽が動き始めたら液体肥料を与えてみましょう。新芽が出ないうちは肥料は控えて、鉢土が乾いたら水をやりながら管理します。

休眠や新陳代謝で落葉しやすいもの

◎ アグラオネマ
◎ カラテア　　◎ コルディリネ
◎ ドラセナ

ドラセナに似た種類のユッカ。古くなった下葉が黄色くなり、やがて落ちる。

原因② ……… 水の過不足

症状 水切れが起こると、葉は黄色や茶色に変色します。からからと乾燥したり、しわしわに縮んだりして、やがて落葉します。逆に鉢内が水分過多になると、葉が茶色や黒くなって、全体的にぐったりしてきます。

対処 水不足の場合はたっぷりと水を与えます。乾燥が激しいときは、腰水（➡ P117）が効果的です。水をやりすぎている場合は、水やりを止めて風通しのよい場所で管理し、新芽が出るのを待ちましょう。

水切れで落葉しやすいもの

◎ アジアンタム
◎ エバーフレッシュ
◎ カラテア
◎ コーヒーノキ
◎ シンゴニウム

水分過多で落葉しやすいもの

◎ エスキナンサス
◎ シッサス
◎ ペペロミア
◎ ホヤ

トラブル 3 全体的に元気がない

根詰まりや根腐れなど根にトラブルが起きると、植物は水分や栄養分を根から吸収することができず、地上部は元気がなくなります。生育期でも生長がにぶくなったり、ピンと張っているはずの葉が垂れていたり、触ったときに張りを感じなかったりしたら、根の状態を確認してみましょう。

また、低温に弱い植物は冬に葉の数が減ったり外葉がしおれたりします。肥料をやりすぎたときにも株全体に勢いがなくなります。

原因① 根詰まり

症状 根詰まりが起こると、葉が黄色く変色し元気がなくなり、葉の厚みも本来より薄くなってきます。水やりをしてもすぐに土が乾いてしまうような場合は、根詰まりが考えられます。鉢内の根が増えすぎることで土の団粒構造（➡P83）がくずれてしまい、土の粒子内に水分を蓄えることができなくなるためです。

対処 根詰まりしたものは、ひと回り大きな鉢に植え替えます。大きすぎる鉢は、植え替え後にトラブルを起こすことがあるので避けます。土や肥料を必要以上に入れることになるため、土がいつまでも乾かず根が蒸れたり、肥料過多の状態になったりするのです。植え替え後はたっぷり水をやります。

根詰まりを起こしやすいもの

- ◎ アンスリウム
- ◎ ガジュマル
- ◎ カラテア
- ◎ シェフレラ
- ◎ シンゴニウム
- ◎ ストレリチア
- ◎ フィカス
- ◎ フィロデンドロン

原因② 根腐れ

症状 根腐れを起こすと、葉が黒く変色し、全体がしおれて下を向いてしまいます。水やり後に水が浸透しなかったり、いつまでも土が乾かず湿っていたりする場合は根腐れを疑いましょう。根腐れの多くは水のやりすぎが原因ですが、肥料のやりすぎでも、根が吸収し切れなかった肥料分で、根が傷むこともあります。

対処 しばらく水やりをやめて様子を見ますが、回復の兆しがないようなら、傷んだり変色したりした根を取り除いて新しい土に植え替えます。その際、根腐れ防止剤（ミリオンなど）を土に混ぜると回復が早くなります。根腐れの植え替え直後は水やりをせずに、2〜3日待ってから与えます。

根腐れを起こしやすいもの

- ◎ アグラオネマ
- ◎ アロカシア
- ◎ シッサス
- ◎ ペペロミア
- ◎ ホヤ

病害虫の被害は早めに対処を

病気や害虫は気づかないでいるとあっという間に広がります。
水やりのときなどにチェックし、早めの対処を心がけましょう。

病害虫の管理 1
毎日の観察でトラブルの発生をチェック

　病害虫の被害にあっても、すぐに枯れたりすることはありません。早めに見つけ、適切に対処することで大きなトラブルを避けられるので、日々の観察は大切です。

　毎日植物を見ていると、病気や害虫が発生しているときは、葉が少し縮れてきたり、ど

ことなくべたついている感じがしたり、床がベタベタしているなど、何か変だなと感じることがあります。そんなときはとくに、葉のつけ根や株元など害虫がひそんでいそうな部分、葉の裏や新芽の部分など虫が好んで食害しそうな部分を細かく観察してみましょう。

葉
アブラムシ、ハダニ、カイガラムシなどに注意。ハダニは葉色が薄くなる。カイガラムシは排泄物で葉がベトベトになる。

茎
茎のつけ根にアブラムシやカイガラムシがついていることが多いので、お手入れ時によく見ておく。

株元
アリやコバエが出ていないかを確認。土の表面にカビやキノコがないか。あれば取り除く。

全体
葉が縮れていないか、新芽の色が悪くないか、新芽や葉の縁がかじられていないか、葉に透けている部分がないかなどをチェック。

根
鉢皿に虫がいないかを確認。皿に水がたまっているとコバエが発生する原因になる。

病害虫の管理 2

被害の出やすい病害虫を知っておく

観葉植物でよくみられる病気や害虫を知っておきましょう。病害虫を防ぐには、換気をよくし、剪定や枯れ葉の処理などをこまめに行って、株の中の風通しをよくします。葉水も効果的です。それでも発生してしまったときは、ブラシや濡れた布などでこすり取ります。庭や風呂場のように水が使える場所があるときは強い水流で吹き飛ばす方法もあります。殺菌剤や殺虫剤を室内で使うのは危険ですから、必ず鉢を屋外に出して行います。

ハダニ

茶褐色の虫で葉裏に寄生して樹液を吸う。吸われた部分は葉色が抜け薄くなる。乾燥や高温、肥料不足で出やすい。

対処 シャワーなどで水洗いし、水滴を拭き取ってからスプレータイプの薬剤を散布する。

左は正常な葉裏。右はハダニの被害にあって全体的に白っぽくなった葉裏。

カイガラムシ

茎や枝に固まってつき、樹液を吸う。べたつく排泄物を出してアリを呼んだり、すす病を起こしたりする。

対処 見つけたものは歯ブラシなどでこすり取り、スプレータイプの薬剤を全体にかけて駆除する。土にまく粒タイプの薬剤もある。

白い殻状のかたまりになっていることが多い。

アブラムシ

春に発生しやすく、新芽の汁を吸い枯らせる。排泄物でべたついたり、被害が広がるとすす病を誘発したりすることになる。

対処 歯ブラシなどでこすり落とすか、牛乳や木酢液を薄めて吹きかける。被害が大きいときは、スプレータイプの薬剤で駆除する。

アブラムシはあっという間に数が増えるので早めに対処する。

コバエ

風通しが悪く、土が長く湿っていたり鉢皿に水が残っていたりすると出やすい。幼虫や卵の駆除が必須。

対処 株全体を15分ほど水にひたしておくと、卵や幼虫が浮いてくる。土の表面を新しい土に変えるのも効果的。

カビ

梅雨時と秋〜冬に発生しやすい。表土が湿ったままだと土に出ることもある。カビの出る場所は生育に適していないことが多い。

対処 被害の出た場所は切り取り、風通しのよい場所で蒸らさないように管理する。土に出たカビは土の表面をはぎ取って処分する。

すす病

カイガラムシやアブラムシの出す排泄物に菌の胞子がついて、枝や幹、葉がすすのついたように黒くなる。

対処 落とせるものは濡れタオルで拭き取る。広がった葉は切り落とし、全体に薬剤を散布する。

季節ごと・留守どきの管理

鉢植えの植物は環境の変化を直接受けやすいものです。
観葉植物はとくに暑さ・寒さの対策でしっかり保護してあげましょう。

暑さ 対策

高温多湿を好む観葉植物は、夏の暑さや湿度の高さは問題ありません。避けたいのは、暑い時期に空気の流れが止まってしまうことです。

昼間に留守がちの家では、窓を開けておくのは防犯面で不安ですし、真夏は風のない日もよくあります。夏はエアコンを使い「暑さ＋無風」の状態にならないようにしましょう。エアコンの風は直接、植物に当たらないように調節します。

水やり

夏の観葉植物は、水切れを起こさないように管理することが何よりも重要です。

水やりは比較的気温の低い朝に行うのが最適ですが、遅くても午前中にはすませます。夏は水の吸収量が多く土の乾きが早いので、毎日鉢土の様子を確認し、必要なら夕方以降にも与えてよいでしょう。葉の表面温度を下げる葉水は毎日行います。

置き場

真夏の強い日光は葉焼けの原因になりやすく危険です。午前10時〜午後4時ごろはとくに太陽光線のエネルギーが多く届く時間帯ですから、レースのカーテン越しなど日差しを遮る場所に置きましょう。午後の日差しが強すぎるときにはカーテンで遮ったり、窓から遠ざけたりして調節することも大切です。

室内では直射日光を避け、レースのカーテン越しなど明るい日陰の状態の場所に置く。

昼間、外に出しっぱなしにするのはNG。直射日光下であれば、10分でもダメージが大きい。

寒さ 対策

観葉植物は高温多湿を好むものが多く、冬は苦手な季節です。寒い時期には休眠して生長を止めているものが多いのですが、室内ではエアコンによって温度が高くなり乾燥した状態がつくり出されています。そのため、冬にもかかわらず生長を続けているものもありますから、土の乾き具合、芽の動きなどを見て状態を確認しながら水やりなどをしましょう。

水やり

冬に休眠している種類では基本的に水やりは控え気味にして、根鉢が乾いた後、数日待ってから与えます。与えるときは鉢底から水が流れ出るくらいたっぷりとやります。

水やりを行うのは、冷え込みに向かう夕方や夜は避け、昼間、日が差して暖かくなる10時ごろが最適です。くみおきにして室温になった水を与えるなどの工夫も大切です。

置き場

暗い場所でも生育できる種類は、冬の昼もレース越しの日差しが届く窓辺に置くとよいでしょう。ある程度日差しが必要なものは、レースのカーテンを開けて直接日に当ててもかまいません。冬は、昼夜の寒暖差が激しいのですが、とくに夜間に暖房器具を止めていると、窓辺は昼間に比べかなり気温が下がります。夜は鉢ごと窓辺から遠ざけたり防寒用品で囲ったりして対策しましょう。

冬の窓辺は冷気が入りやすい。新聞紙やダンボール、防寒用のシートなどで囲むのも手。気泡緩衝材も有効。

植物別の越冬温度の目安

冬越しが可能な気温は植物によって異なります。
目安の気温以下にならないよう管理しましょう。

15℃以上	・アグラオネマ　・アロカシア　・アンスリウム　・カラテア　・ヤシ
10℃以上	・アジアンタム　・エアープランツ　・エスキナンサス　・エバーフレッシュ　・コーデックス　・コーヒーノキ　・サンスベリア　・シッサス　・シンゴニウム　・スキンダプサス　・ドラセナ　・ビカクシダ　・ペペロミア　・メセン
5℃以上	・アエオニウム　・アスプレニウム　・アロエ　・エケベリア　・ガジュマル　・クラッスラ　・コルディリネ　・サボテン　・セネシオ　・ハオルチア　・パキラ　・ピレア　・フィカス　・フィロデンドロン　・ベゴニア　・ポトス　・ホヤ　・モンステラ　・ユーフォルビア
0℃以上	・アガベ　・シェフレラ　・ストレリチア　・ヘデラ

※この表の越冬温度はおおよその目安です。品種や環境によって越冬ができる条件は異なります。

留守 にするとき

植物を家に残したまま数日間外出しなければいけないときは、水切れしないような工夫、室温の管理、風通しの確保などが必要です。人に世話を頼むことができない状態で1週間以上外出するようなときには、市販の給水器を使う方法もあります。きちんと給水できるか、事前に試しておきましょう。

水やり

2～3日の外出であれば、出かける前にたっぷりと水をやり、乾燥を防げる場所に置いておけばよいでしょう。自動給水器やペットボトルに装着して自動で給水できる装置のような便利グッズを使うのもおすすめです。土に混ぜて保水力を高める給水材もあります。

2～3日の外出なら、外出直前にたっぷり水を与えて日陰に置く。夏ならバスルームに置くのもおすすめ。

3日以上の外出は、屋外において水やりだけでも人に頼むのが賢明。無理なら自動給水器を利用する。

置き場

暑さや寒さに「無風」の状態が続くのは致命的です。夏はエアコンのドライ機能やタイマーを使って昼と夜の温度変化を和らげる工夫をしておくとよいでしょう。サーキュレーターの活用もおすすめです。冬はエアコンのタイマーに加え、水を置いて加湿もします。

遮光カーテンは閉め切らず、昼間は薄日が入るようにしておく。

猛暑期は、可能なら屋外に出し日陰に置いておくとよい。

室内に置くときは、間仕切りのドアや通気口を開けて換気を確保する。換気扇を回しておくのもよい。

第 **3** 章

人気の観葉植物
育て方ガイド

比較的寒さに強いもの、過湿に非常に弱いものなど、
同じ観葉植物も種類によって少しずつ性質が異なります。
自宅にある観葉植物を元気に育てるために
植物ごとの育て方のポイントやコツを知っておきましょう。

育て方ガイドの見方

本書では人気のある観葉植物を105品種、多肉植物を33品種紹介しています。
種類ごとの育て方を知り、お気に入りの植物と長くつき合っていきましょう。

植物の名前

アルファベット表記は学名です。

科名・属名・別名など

植物の分類です。科名や属名が同じ植物はタイプが似ているといえます。よく知られた別名があるものは記載しています。

アイコン

その植物を育てる際に、ありがちなトラブルをアイコンで表示しています。

栽培のコツ

置き場 鉢を置くのに最適な場所を季節ごとに説明しています。
水やり 季節ごとの水やりの方法を説明しています。
肥料 肥料の与え方を説明しています。
作業 必要な作業や作業に適した時期などを説明しています。
病害虫 被害にあいやすい病害虫を説明しています。

Aglaonema

美しい縞模様や斑の入る葉が清々しい

アグラオネマ

サトイモ科 リョクチク属（アグラオネマ属）

- 栽培
- 日陰
- 寒さ
- 暑さ

栽培のコツ

置き場 寒さに弱く、強すぎる光が苦手なので、一年を通してレースのカーテン越しの暖かい室内に置く。

水やり 春～秋は鉢土の表面が乾いたら与える。冬は乾かし気味にして、根鉢が完全に乾いてから与える。空気が乾燥するときは葉水を与えて一時的に保湿するとよい。

肥料 真夏を除く春～秋に、緩効性固形肥料を2か月に1回、または液体肥料を1週間～10日に1回施す。窒素が不足すると葉の緑が薄くなる。

作業 鉢がいっぱいになったら、ひと回り大きな鉢に植え替えるか、株を2～3個に分けて株分けする。株から葉を切り取って挿し木してもよい。

病害虫 一年を通してカイガラムシやハダニの発生に注意する。とくに葉裏や新芽はよく観察しておく。

アグラオネマ 'マリア'

カレンダー

	1月	2月	3月	4月	5月	6月	7月	8月	9月	10月	11月	12月
置き場	レースのカーテン越しの室内（明るい日陰）											
水やり	根鉢が乾いたら		表土が乾いたら、乾燥時は葉水								根鉢が乾いたら	
肥料			葉肥または液肥						置肥または液肥			
作業					植え替え、株分け、挿し木							
病害虫	カイガラムシ、ハダニ											

114

カレンダー

カレンダーでは「真夏」を8月にしていますが、実際には気温が30℃以上になる日を目安として考えます。春や秋を示す月も植物により異なります。

112

性質データ

- ● **栽培**　栽培のしやすさを表します。色つきの葉が多いほど栽培しやすい種類です。
- ● **日陰**　耐陰性を表します。色つきの葉が多いほど日陰に強い種類です。
- ● **寒さ**　耐寒性を表します。色つきの葉が多いほど寒さに強い種類です。
- ● **暑さ**　耐暑性を表します。色つきの葉が多いほど暑さに強い種類です。

特徴

植物の特徴などを
解説しています。

品種紹介

品種や園芸品種、性質の似た仲間を紹介しています。品種は生物学上で分類される種類です。園芸品種は品種どうしを交配し人為的につくった種類で、‘シルバークイーン’などとシングルクォーテーションで表示しています。

特徴

　品種ごとにさまざまな葉模様や色が楽しめるアグラオネマ。日陰に強いですが寒さには弱く、10℃以下になると元気がなくなります。樹液にシュウ酸カルシウムが含まれるため、ペットや子どもが口に含まないように注意しましょう。強い光に当たると葉焼けするので注意しましょう。

アグラオネマ
‘シルバークイーン’
人気があり流通の多い品種で、大きめの葉にシルバーグリーンの斑が広範囲に入る。

アグラオネマ
‘グリーンコンパクタ’
細長い葉に薄いグリーンの模様が入る。直射日光を避け、暖かい場所で管理する。

第3章 人気の観葉植物　育て方ガイド ── アグラオネマ

葉枯れ

葉が変色して枯れていくものは、生理現象か根詰まりかを判断しましょう。葉の変色が続くようなら根腐れの可能性があります。

1 全体的に元気な株で下葉が変色するのは新陳代謝のためなので問題はない。

2 生育期なら変色した葉は切り取ってよい。写真よりさらに茶色くなり、すぐに取れそうな状態が頃合に。葉柄のつけ根に新芽が出ていることがあるので注意して切る。冬は傷んだ葉もそのままでよい。

作業や管理のコツ

定期的に必要な作業や、トラブルの対処法などを紹介しています。

Q

葉が黒ずみ
元気がなく垂れて、
水をあげても戻りません。

A　根腐れが考えられます。暖かい時期なら鉢から株を抜いて根の状態をチェックしましょう。根腐れの場合は腐った根を切り取り、それと同程度の割合で下葉も減らして植え直します。気温が10℃以下の時期は水やりを控えて、暖かくなるのを待ってから植え替えます。

115

Q&A

トラブルや栽培上の疑問などを
Q&Aの形式で解説しています。

- ● 「育て方ガイドの見方」は多肉植物のページ（P196〜217）も同様です。
- ● 本書での栽培解説はとくに断りのないかぎり、関東地方以西における育て方の説明となります。
- ● 同じように管理しても、年ごとの気候変化や管理している環境、植物の個体差などにより、生長の度合いや植物の状態は変わります。

Aglaonema

美しい縞模様や斑の入る葉が清々しい

アグラオネマ

- ● 栽培
- ● 日陰
- ● 寒さ
- ● 暑さ

アグラオネマ'マリア'

葉枯れ　根傷み

栽培のコツ

置き場 寒さに弱く、強すぎる光が苦手なので、一年を通してレースのカーテン越しの暖かい室内に置く。

水やり 春〜秋は鉢土の表面が乾いたら与える。冬は乾かし気味にして、根鉢が完全に乾いてから与える。空気が乾燥するときは葉水を与えて一時的に保湿するとよい。

肥料 真夏を除く春〜秋に、緩効性固形肥料を2か月に1回、または液体肥料を1週間〜10日に1回施す。窒素が不足すると葉の緑が薄くなる。

作業 鉢がいっぱいになったら、ひと回り大きな鉢に植え替えるか、株を2〜3個に分けて株分けする。株から茎を切り取って挿し木してもよい。

病害虫 一年を通してカイガラムシやハダニの発生に注意する。とくに葉裏や新芽はよく観察しておく。

カレンダー

	1月	2月	3月	4月	5月	6月	7月	8月	9月	10月	11月	12月
置き場	レースのカーテン越しの室内(明るい日陰)											
水やり	根鉢が乾いたら			表土が乾いたら、乾燥時は葉水							根鉢が乾いたら	
肥料			置肥または液肥						置肥または液肥			
作業					植え替え、株分け、挿し木							
病害虫	カイガラムシ、ハダニ											

特徴

　品種ごとにさまざまな葉模様や色が楽しめるアグラオネマ。日陰に強いですが寒さには弱く、10℃以下になると元気がなくなります。樹液にシュウ酸カルシウムが含まれるため、ペットや子どもが口に含まないように注意しましょう。強い光に当たると葉焼けするので注意しましょう。

**アグラオネマ
'シルバークイーン'**

人気があり流通の多い品種で、大きめの葉にシルバーグリーンの斑が広範囲に入る。

**アグラオネマ
'グリーンコンパクタ'**

細長い葉に薄いグリーンの模様が入る。直射日光を避け、暖かい場所で管理する。

葉枯れ

葉が変色して枯れていくものは、生理現象か根詰まりかを判断しましょう。葉の変色が続くようなら根腐れの可能性があります。

1 全体的に元気な株で下葉が変色するのは新陳代謝のためなので問題はない。

2 生育期なら変色した葉は切り取ってよい。写真よりさらに茶色くなり、すぐに取れそうな状態が頃合い。葉柄のつけ根に新芽が出ていることがあるので注意して切る。冬は傷んだ葉もそのままでよい。

Q

葉が黒ずみ
元気がなく垂れて、
水をあげても戻りません。

A 根腐れが考えられます。暖かい時期なら鉢から株を抜いて根の状態をチェックしましょう。根腐れの場合は腐った根を切り取り、それと同程度の割合で下葉も減らして植え直します。気温が10℃以下の時期は水やりを控えて、暖かくなるのを待ってから植え替えます。

細い茎についた明るい緑の葉が涼しげな印象

アジアンタム

- 栽培　🌱🌱🌱🌱⚬⚬
- 日陰　🌱🌱🌱🌱🌱⚬
- 寒さ　🌱🌱⚬⚬⚬⚬
- 暑さ　🌱🌱🌱🌱🌱⚬

アジアンタム・ラディアヌム'ミクロフィラム'

水切れ

栽培のコツ

置き場　一年を通してレースのカーテン越しの室内が最適。夏は屋外でもよいが、乾燥すると葉が縮れるので、明るい日陰で湿度が高い場所がよい。通年、エアコンの直風が当たらないように注意する。

水やり　多湿を好むので、一年を通して鉢土の表面が乾かないようにする。夏は葉の上から水をかけると蒸れて枯れるので、鉢の縁から土に直接水をかける。

肥料　春〜秋に薄めの液肥を2週間に1回程度与える。

作業　根詰まりした株は株分けするか、根鉢を切って植え替える。葉が枯れてしまったら、枯れ枝を地際で切り戻し、腰水で保湿する。

病害虫　生育期はまれにアブラムシがつくので注意する。

カレンダー

	1月	2月	3月	4月	5月	6月	7月	8月	9月	10月	11月	12月
置き場	レースのカーテン越しの室内(明るい日陰)											
水やり	1〜3日に1回				2日に1回または毎日					1〜3日に1回		
肥料			薄めの液肥									
作業					植え替え、株分け							
病害虫					アブラムシ							

特徴

　シダ植物のため胞子がつきますが、葉先が裏側に折れ曲がり胞子のかたまりを包んでいるので、胞子は見えません。日陰を好み空気中の湿度が高いと元気よく育ちます。

アジアンタム・ペルヴィアナム

アジアンタムの中では葉が大きめで、ピンク色の新芽が楽しめる。

葉枯れ

葉が小さいため乾燥で枯れやすい観葉植物です。水切れしないようにしましょう。

1 水切れによって株が乾燥し、葉がチリチリに枯れてしまった状態。

2 枯れた部分が少ないときは、指先でチリチリになった葉を落とすようにして整える。

3 チリチリの枯れ葉が広がっているときは、枝先ごと切り取って見た目を整える。

腰水

夏など乾燥がひどく、全体的に葉がしおれているときは腰水で水分を与えます。

1 鉢の上部が隠れる位置で、株全体を新聞紙で包む。

2 上部を筒状に巻いて包むことで、乾燥で葉が垂れてしまった株も水の揚がりがよくなる。

3 水の入ったバケツに新聞紙を濡らさないよう鉢ごと入れ、30〜40分ほどつけておく。その後は通常通りに管理する。

つやのあるみずみずしい葉が美しいシダの仲間

アスプレニウム

- 栽培　🌱🌱🌱🌱🌱🌱
- 日陰　🌱🌱🌱🌱🌱🌱
- 寒さ　🌱🌱🌱🌱🌱🌱
- 暑さ　🌱🌱🌱🌱🌱🌱

アスプレニウム'エメラルドウェーブ'

栽培のコツ

置き場　一年を通してレースのカーテン越しの室内に置く。日差しが弱い時期はガラス越しの窓辺でもよい。春と秋は、明るい日陰であれば屋外でもよい。

水やり　春～秋は表土が乾いたらたっぷり与える。冬は根鉢が乾くのを待ってから与える。葉水は一年を通して毎日与えるとよい。

肥料　春～秋に緩効性の固形肥料を2か月に1回、または液体肥料を2週間に1回ほど施す。

作業　植え替えは真夏を除く5～9月が適期。葉先に子株がつく品種は子株を取り分けて株分けできる。下葉が枯れたら、つけ根から切り取る。

病害虫　春～秋は、乾燥すると葉裏や新芽にハダニ、カイガラムシが発生しやすい。葉が乾かないように葉水で保水する。

葉焼け

水切れ

カレンダー

	1月	2月	3月	4月	5月	6月	7月	8月	9月	10月	11月	12月
置き場	レースのカーテン越しの室内(明るい日陰)											
水やり	根鉢が乾いたら			表土が乾いたら		※一年を通して葉水					根鉢が乾いたら	
肥料					置肥または液肥							
作業					植え替え、株分け			植え替え				
病害虫				ハダニ、カイガラムシ								

特徴

タニワタリとも呼ばれるシダ植物で、葉裏に胞子のかたまりが線状に並んでつきます。高温多湿を好むので、空気中の湿度が高いと元気よく生育しますが、土が湿りすぎていると根が傷んで葉が変色しやすくなります。5℃以上あれば冬越しができます。

アスプレニウム 'コブラ'

肉厚で光沢のある葉が、大きく波打ちながら放射状に伸び上がる姿が魅力。耐陰性が強いが、暗すぎる場所だと葉が間伸びする。丈夫で育てやすい品種。

クロコダイルファーン

正式には「ミクロソリウム・ムシフォリウム」という別種だが、アスプレニウムとして流通していることが多い。ワニ皮のような模様の葉が特徴。

葉水

アスプレニウムは通常の水やりだけでなく、葉水も毎日行います。

1 葉全体に霧吹きで葉水を与えて湿度を保つ。害虫の発生を予防する効果もあるので、裏側もしっかりと与える。

2 株の中心部から新芽が出てくるので、中心部にもしっかり霧吹きで水を与える。

Q 全体的に元気がなく、葉が少しずつ枯れてきました。

A 光不足か強光の当てすぎが原因と思われます。暗すぎる場所では葉が弱り、直射日光では葉焼けを起こします。風通しのよい明るい日陰に移動し、新芽が育ってきたら傷んだ葉を取り除きましょう。水不足も枯れる原因なので、生育期は水やりの回数の見直しを。

Alocasia

葉は緑色のほかさまざま。光沢をもつ種類もある

アロカシア

- 栽培 🌱🌱🌱🌱🌱
- 日陰 🌱🌱🌱🌱🌱
- 寒さ 🌱🌱🌱🌱🌱
- 暑さ 🌱🌱🌱🌱🌱

アロカシア'ピンクドラゴン'

根傷み

栽培のコツ

置き場 一年を通してレースのカーテン越しの室内に置くのが最適。春と秋は屋外に置いてもよいが、直射日光が当たらないようにする。寒さに弱いので、冬は室内でもできるだけ暖かい場所で管理する。

水やり 春〜秋の生育期は表土が乾いたら与える。冬は根鉢が完全に乾くのを待ってから与えるようにする。

肥料 春〜秋に緩効性固形肥料を2か月に1回、または液体肥料を1週間〜10日に1回施す。

作業 株分けや植え替えは5〜9月に行うのがよいが、気温が非常に高くなる真夏は避ける。

病害虫 春〜秋は、新芽や葉裏の葉脈の分かれ目などにカイガラムシやハダニがつきやすい。発生したら、湿らせた綿棒や布などでこすり取る。

カレンダー

	1月	2月	3月	4月	5月	6月	7月	8月	9月	10月	11月	12月
置き場	レースのカーテン越しの室内(明るい日陰)											
水やり	根鉢が乾いたら			表土が乾いたら							根鉢が乾いたら	
肥料					置肥または液肥							
作業					植え替え、株分け				植え替え			
病害虫				カイガラムシ、ハダニ								

特徴

　矢尻形の葉が特徴で、くっきりとした葉脈や品種ごとに異なる個性的な葉色が楽しめます。根や地下茎、葉から出る樹液には毒性のあるシュウ酸カルシウムが含まれるので、ペットや子どもが口にしないように注意しましょう。

アロカシア・バンビーノ
葉が小さめで葉柄も短い小型種。葉脈に沿った白斑が美しい。

アロカシア 'アマゾニカ'
葉縁と葉脈がくっきりとした白色で、光沢のある葉がシャープな印象。

植え替え

根傷みで葉数も少なくなっている株は暖かい時期に植え替えを行い、再生させましょう。

1 鉢から抜いた株は、根をなるべくくずさないように、腐った部分を取り除く程度にする。

2 ひと回り大きな鉢に鉢底網と鉢底石を敷き、土を鉢の高さの3分の1ほど入れ株を置く。高さを見ながら土を加える。

3 わりばしなどで土を突いて根の間にも土を流し込み、ウォータースペースまで土を入れる。

4 土を両手でしっかり押さえ、株を固定させる。植え替え後は、鉢底から流れ出るまでたっぷり水を与える。

Q

窓辺に置いたアロカシアの葉が冬に枯れてしまいました。

A 　アロカシアは寒さに弱く、冬に地上部が枯れることもあります。株の中に芽があれば春に発芽することもあるので、室内でも暖かい場所に移動して冬越しさせましょう。冬は根鉢が完全に乾くまで水やりを控え、行うときは常温の水を与えます。

Anthurium

仏炎苞を包むハート型の葉の種類が豊富

アンスリウム

● 栽培	🌰🌰🌰🌰🌰
● 日陰	🌰🌰🌰🌰🌰
● 寒さ	🌰🌰🌰🌰🌰
● 暑さ	🌰🌰🌰🌰🌰

アンスリウム'サクセスレッド'

葉焼け

根詰まり

栽培のコツ

置き場 室内のレースのカーテン越しが最適。春と秋は屋外に出してもよいが、葉焼けしやすいので直射日光は避ける。暗い場所では開花しない。花を咲かせるには冬も15℃以上を保つ。

水やり 春〜秋は表土が乾いたら与える。冬は根鉢が乾いてから与える。

肥料 春〜秋に緩効性固形肥料を2か月に1回、または液体肥料を2週間に1回程度施す。

作業 株が混んできたらひと回り大きな鉢に植え替えるか、子株を切り離して株分けする。新しく元気な茎の先を10cmほど切って挿し木もできる。

病害虫 春〜秋は、風通しが悪いとカイガラムシ、ハダニが発生しやすい。新芽や蕾にアブラムシがつきやすい。

カレンダー

	1月	2月	3月	4月	5月	6月	7月	8月	9月	10月	11月	12月
置き場	レースのカーテン越しの室内(明るい日陰)											
水やり	根鉢が乾いたら		表土が乾いたら								根鉢が乾いたら	
肥料				置肥または液肥								
作業				植え替え、株分け、挿し木					植え替え			
病害虫				カイガラムシ、ハダニ、アブラムシ								

特徴

つやのある大きな葉が特徴で、花も楽しめます。赤やピンク色の花びらのように見える部分は苞葉（ほうよう）といい、本当の花はひも状の部分に密集して咲き、小さくて目立ちません。よく育つので根詰まりしないよう定期的な植え替えが必要です。樹液に毒性のあるシュウ酸カルシウムを含むため、ペットや子どもの誤飲に注意します。

アンスリウム・クラリネルビウム

濃い緑色をしたハート形の葉にシルバーのラインで模様が入る。花より葉を観賞するタイプ。

植え替え

アンスリウムは根詰まりすると花がつきにくくなり、生長するとバランスをくずして倒れやすくなります。生育期に植え替えましょう。

1 大きくなってきたら、ひと回り大きな鉢を用意して植え替えよう。

2 新しい鉢に鉢底網と鉢底石を敷いて、土を鉢の高さの3分の1ほど入れる。

3 古い鉢から株を抜く。白く太い根は傷つけないように注意する。傷んで黒くなった根があれば取り除く。

4 株を置き、高さを見ながら土を入れる。わりばしなどで土を突いて根の間にも土を流す。

5 土を両手でしっかり押さえて株を固定させる。土の表面が下がったら、ウォータースペースまで土を足す。

6 植え替え後は、鉢底から流れ出るまでたっぷり水を与える。

吊り鉢から垂れた茎に咲く赤や黄色の花がエキゾチック

エスキナンサス

● 栽培	🌰🌰🌰◖◖
● 日陰	🌰🌰🌰🌰◖
● 寒さ	🌰🌰🌰◖◖
● 暑さ	🌰🌰🌰🌰◖

エスキナンサス・ヤフロレピス

🎁 葉蒸れ 🎁 根詰まり

栽培のコツ

置き場 一年を通してレースのカーテン越しがよいが、冬は窓辺から離して冷気を当てないようにする。光が不足すると葉が落ちることもある。

水やり 一年を通して、根鉢が乾いてからたっぷり水をやる。高温多湿を好むが、葉群の中の湿度が高くなると蒸れて枯れるので、水は葉にかけないようにする。

肥料 真夏を除く春〜秋に、緩効性固形肥料を2か月に1回、または薄めの液肥を1〜2週間に1回与える。

作業 株が大きくなって根詰まりしているものは、春〜夏に植え替える。大きくなりすぎた株は、根鉢を縦に2〜3等分に切って株分けしてもよい。

病害虫 カイガラムシやアブラムシがつきやすいので、発見したら濡らした綿棒や布などでかき取る。

カレンダー

	1月	2月	3月	4月	5月	6月	7月	8月	9月	10月	11月	12月
置き場	レースのカーテン越しの室内(明るい日陰)											
水やり	根鉢が乾いたら											
肥料				置肥または薄めの液肥					置肥または薄めの液肥			
作業					植え替え、株分け、挿し木							
病害虫	カイガラムシ、アブラムシ											

特徴

ジャングルの中で樹木や岩に着生して育つ植物で、品種ごとに葉色や模様が異なるのが魅力です。茎は細くつるのように垂れ下がります。株が成熟してくると筒状の花を咲かせます。寒さに弱く、冬越しには10℃以上の温度が必要です。

エスキナンサス・ラディカンス

つやのある肉厚の葉で花をよくつける。光不足だと花がつきにくい。

エスキナンサス・マルモラタス

明るい緑色の細めの葉をつける。繊細な印象だが育てやすい。

土増し

吊り鉢の植物は、通気性のよい軽い土で植えられていることが多く、いつの間にか土が少なくなっていることがよくあります。株の状態に問題がなければ土を足してそのまま管理を続けます。

1 長期間植えたままにしておくと、水やりで土が固くなったり流れたりして減ってくる。

2 枝や葉を手でよけながら、鉢の中に土を足していく。土を入れた後は、鉢底から流れ出るまでたっぷり水を与える。

Q 長く伸びた茎を切ったら花が咲かなくなってしまいました。

A エスキナンサスは、ほとんどの種類が茎の先に花が咲くので、茎を切ると花芽がつかないことがあります。茎の長さが気になるときは、花が咲き終わってから切りましょう。

細かく分かれた繊細な葉は夜になると閉じる

エバーフレッシュ

- ● 栽培　🌰🌰🌰🌰🌰
- ● 日陰　🌰🌰🌰🌰🌰
- ● 寒さ　🌰🌰🌰🌰🌰
- ● 暑さ　🌰🌰🌰🌰🌰

樹形くずれ

水切れ

カイガラムシ

エバーフレッシュ

栽培のコツ

置き場　一年を通して室内の明るい場所がよい。春と秋は屋外で直射日光に当ててもよいが、真夏は遮光する。冬は室内で管理する。暗い場所に置くと、葉が黄色に変色したり、日中でも葉が閉じたままになってしまったりする。

水やり　春〜秋は表土が乾き始めたら与える。冬は根鉢が乾いてから与える。水分が不足していると、日中の日差しが十分でも葉を閉じるため、わかりやすい目安となる。

肥料　春〜秋に緩効性固形肥料を2か月に1回、または規定量よりやや薄めの液肥を2週間に1回程度与える。

作業　5〜9月に剪定して樹形を整える。切った枝は挿し木できる。根詰まりした株は根を切りつめて植え替える。

病害虫　葉のつけ根や新芽にカイガラムシやハダニがつくことがある。

カレンダー

	1月	2月	3月	4月	5月	6月	7月	8月	9月	10月	11月	12月
置き場	室内の明るい場所											
水やり	根鉢が乾いたら		表土が乾き始めたら								根鉢が乾いたら	
肥料			置肥または薄めの液肥									
作業					剪定、挿し木、植え替え							
病害虫	カイガラムシ、ハダニ											

特徴

　和名はアカサヤネムノキ。名前の通り、昼の間は葉が開き、夜や曇りの日には閉じる性質があります。比較的生長が早いので、適度に剪定して樹形を整えていくようにしましょう。

　春〜初夏に出てくる新しい葉は赤茶色をしています。株が成熟すると、タンポポの綿毛のような形の花を咲かせ、花後にサヤに入った実をつけることがあります。サヤが赤くなることが名前の由来ともなっています。

害虫駆除

カイガラムシの被害が出やすいので、見つけたらすぐに駆除します。

カイガラムシは葉のつけ根につきやすい。すぐに被害が広がるので、見つけたら歯ブラシなどでこすり取っておく。

Q　ところどころ葉が落ちています。病気でしょうか?

A　夏の直射日光など日当たりがよすぎたり、逆に暗すぎたりする場所に置いていると葉が落ちてくることがあります。風通しが悪い場所もよくありません。置き場所を風通しのよい明るい日陰に変えてみましょう。また寒さが原因の場合も考えられます。冬は10℃を下回らない場所に移動させましょう。

ところどころ葉が落ちてしまったエバーフレッシュ。

Q　葉が昼間も閉じたままです。なぜですか?

腰水をするときは、上部を新聞紙で巻いておくと水が揚がりやすい。

A　葉が昼は開き、夜は閉じるのが特徴の植物です。昼間も閉じたままの状態ということは、水が不足している可能性があります。水不足になると、少しでも蒸散を防ごうとして、葉が閉じたままになることがあります。腰水 (⇨P117) をして、しっかり給水させると回復する場合があります。水やりで回復しない場合は、根詰まりや根腐れを起こして水を吸収できていない可能性も。5〜6月ごろに根をチェックし、植え替えてみましょう。

気根が膨らみ太い幹のような姿になるのが特徴的

ガジュマル

- ●栽培
- ●日陰
- ●寒さ
- ●暑さ

樹形くずれ

根詰まり

ガジュマル

栽培のコツ

置き場 光を好むため、明るい窓辺など日当たりのよい室内に置くのが最適。暗さにも耐えられる種類だが、暗すぎる環境だと葉を落とすことがあるので注意する。

水やり 過湿が苦手なので、一年を通して根鉢が乾いてから与える。

肥料 春～秋の生育期は緩効性の固形肥料を2か月に1回程度、または液肥を2週間に1回程度与える。

作業 生長が早く枝が伸びすぎて混み合ったり、樹形がくずれやすかったりするので、5～7月に剪定する。切った枝は挿し木できる。植え替えは、春か秋に行う。

病害虫 カイガラムシは見つけしだいブラシなどでこすり落とす。コナカイガラムシやハダニは水をかけて落とす。

カレンダー

	1月	2月	3月	4月	5月	6月	7月	8月	9月	10月	11月	12月
置き場	日当たりのよい室内											
水やり	根鉢が乾いたら											
肥料					置肥または液肥							
作業					植え替え、剪定、挿し木				植え替え			
病害虫	カイガラムシ、コナカイガラムシ、ハダニ											

特徴

　ガジュマルはフィカス（⇨P166）の1種で、ほかの種と同じように樹液にはラテックスが含まれています。ラテックスは衣服につくと落ちにくく、肌につくとかぶれる場合もあります。ペットに対しては弱い毒性があるとされるので、食べさせないように注意します。

　株が順調に育ってくると「気根」が出てきます。気根は幹から出てくる根です。空気中の水分を取り込んだり、植物を支えたりする役目があります。そのまま伸ばして自然な樹形を楽しむのが、ガジュマルならではの魅力です。

気根は切っても大きな問題はないが、自然に伸ばすことでガジュマルらしい樹形が生まれる。

植え替え

根詰まりしている株は植え替えでリフレッシュさせます。ひと回り大きな鉢を用意しましょう。

1 鉢から株を出す前に、鉢底から出ている根は切り取る。

2 できるだけ根鉢をくずさないように鉢から株を抜く。

3 手でほぐしながら古い土を3分の1ほど落とす。

4 ひと回り大きな鉢に鉢底網と鉢底石を敷き、土を鉢の高さの3分の1ほど入れてから、株を置いてさらに土を加える。

5 わりばしなどで突いたり、根鉢と鉢の間を手で押さえたりしながら、ウォータースペースまで土を入れる。

6 土を両手でしっかり押さえて株を固定させる。植え替え後は、鉢底から流れ出るまでたっぷり水を与える。

模様が美しい葉は、夜になると立つようにして眠る

カラテア

- 栽培
- 日陰
- 寒さ
- 暑さ

カラテア'フレディ'

葉枯れ

根詰まり

水切れ

栽培のコツ

置き場 一年を通してレースのカーテン越しに日が当たる明るい日陰に置き、エアコンなどの風で乾燥しないように注意する。寒さに弱いので、冬は窓辺の冷気を避けて12℃以上を保つ。

水やり 水切れしないように、春〜秋は表土が乾いたら与える。冬は根鉢が乾いてから与える。

肥料 春〜秋は生育期なので、緩効性固形肥料を2か月に1回、または液肥を1〜2週間に1回与える。

作業 枝が混み合って鉢がいっぱいになったら春〜夏に植え替えを。このとき株を2〜3分割し株分けしてもよい。乾燥に弱いので、乾燥による葉枯れが起きたら腰水で保湿する。

病害虫 カイガラムシやハダニが発生しやすい。カイガラムシはブラシでこすり取る。ハダニは葉水で予防する。

カレンダー

	1月	2月	3月	4月	5月	6月	7月	8月	9月	10月	11月	12月
置き場	レースのカーテン越しの室内(明るい日陰)											
水やり	根鉢が乾いたら		表土が乾いたら								根鉢が乾いたら	
肥料				置肥または液肥								
作業					植え替え、株分け							
病害虫	カイガラムシ、ハダニ											

特徴

　熱帯地域に原生する植物です。絵に描いたような模様と個性的な葉色が美しく、近年はカラーリーフとして人気が高くなっています。

　高温多湿を好み、25〜30℃が生育の適温です。土が乾燥しすぎると葉の縁や先端が茶色く枯れ込みやすいので、水切れしないように気をつけて管理します。

　多湿を好みますが、鉢土が湿りすぎている状態だと根腐れを起こしやすくなるので、生育期の水やりは表土が乾いてからにしましょう。冬越しのためには12℃以上の温度を保つと安心です。

カラテア・オルビフォリア

丸みを帯びたつやのある葉で、明るい緑に白斑が入った小型種。

カラテア・フレームスター

葉は大きめで、水彩のぼかしのように入った模様が個性的。

カラテア・ロウイサエミスト

濃い緑色と明るい緑色のグラデーション模様の葉が美しい。

カラテア・ワルセヴィッチー

ビロードのような質感の葉は、シックで落ち着きのある印象。

カラテア・ピクツラータ

銀白色の葉に濃い緑色の縁取りが特徴で、ワインレッド色の葉裏も美しい。

カラテア・マエスティカ '‎ホワイトスター'

白色の縞模様の葉が、赤色でうっすらと色づく希少種。

株が大きくなると根詰まりを起こしやすいので、暖かくなるのを待って植え替えましょう。

1 ひと回り大きな鉢に鉢底網と鉢底石を敷き、土を鉢の高さの3分の1ほどまで入れる。

2 古い鉢から株を抜き、根を傷めないように注意しながら古い土を落とす。

3 鉢に株を置き、高さを調整しながら土を入れていく。

4 手で押さえたり、わりばしなどで土を突いたりしながら、根のすき間にも土を流し込む。

5 ウォータースペースまで土を入れたら、土を両手でしっかり押さえて株を固定させる。

6 植え替え後は、鉢底から流れ出るまでたっぷり水を与える。

Q

カラテアの葉が縁から丸まってしまいました。

A カラテアは多湿を好むので、乾燥した室内に置いておくと葉が丸まってしまうことがあります。加湿器や霧吹きで一時的に湿気を補いましょう。また、土が乾きすぎた状態でも葉が丸まります。その際には腰水（⇨P133）が有効です。
強い光に当ててしまい葉焼けを起こしたときは、葉の縁がクシュッと丸まってきます。直射日光の当たらない明るい日陰で管理するようにしましょう。

加湿器で湿度を調節するのがベストだが、ない場合は葉水で一時的に保湿する。

腰水

乾燥すると葉が丸まってしまいます。しばらく水やりを忘れていたようなときは、腰水で回復させましょう。

1 鉢の縁から上を新聞紙などで包む。

2 上部を筒状に包むことで茎や葉が上向きになり、水の揚がりもよくなる。

3 容器にためた水に、新聞紙が濡れないよう鉢の半分程度までつける。鉢穴から土の表面まで水がしみるよう30〜40分ほどつけておく。

Q 葉が斑点状に茶色くなり枯れたようになっています。なぜですか?

茶色の斑点が出ているカラテア。

A 強い直射日光に当たったこと、または乾燥が原因として考えられます。まずは、直射日光を避けられる明るい日陰に置きましょう。エアコンの風などは乾燥を引き起こす要因なので、植物に直接風が当たらないようにします。室内が乾燥しているときは、加湿器を使うのがおすすめです。

Q 室内に置いたのに冬に葉が枯れてしまいました。どうしたらよいですか?

A 冬に枯れてしまうのは、寒さに当たったことが原因として考えられます。カラテアを常緑で越冬させるには、12℃以上の室温が必要となります。ただ、冬に葉が枯れてしまっても、根は生きていることがよくあります。今後は、エアコンなどのタイマーを利用して、朝晩の寒暖差が少なくなるような環境に整えましょう。水は根鉢が完全に乾くのを待ってから与えます。春になって新芽が動き出せば問題ありません。新芽の動きがないようなら、根腐れの可能性があります。傷んだ根を取り除いて、新しい土に植え替えてみましょう。

Coffea arabica

香りのある白い花が咲き、甘い赤い実をつける

コーヒーノキ

- ● 栽培 🫘🫘🫘🫘◗◗
- ● 日陰 🫘🫘🫘🫘🫘◗
- ● 寒さ 🫘🫘🫘🫘◗◗
- ● 暑さ 🫘🫘🫘🫘🫘🫘

コーヒーノキ

栽培のコツ

置き場 苗のうちは半日陰を好むが、生長後は日当たりを好む。日当たりのよい室内に置き、夏は屋外でも可。冬は窓辺の冷気を避けて、10℃以上に保つとよい。

水やり 春〜秋は、表土が乾いてから与えて水切れを起こさないようにする。冬は根鉢が乾いてから与える。

肥料 春〜秋に緩効性固形肥料を2か月に1回、または液肥を1週間〜10日に1回程度与える。

作業 生育がよい株は根詰まりしやすい。下葉が落ちたり葉先が枯れたりしてきたら、根詰まりのサインなので植え替える。株元から細い枝が発生しやすいが、栄養が分散しないように発生したら切り取る。

病害虫 年間を通してカイガラムシ、ハダニの発生に注意する。

根詰まり　水切れ　カイガラムシ

カレンダー

	1月	2月	3月	4月	5月	6月	7月	8月	9月	10月	11月	12月
置き場	日当たりのよい暖かい室内					日当たりのよい場所(屋外可)			日当たりのよい暖かい室内			
水やり	根鉢が乾いたら			表土が乾いたら							根鉢が乾いたら	
肥料					置肥または液肥							
作業					植え替え、株分け							
病害虫	カイガラムシ、ハダニ											

特徴

　コーヒー豆を生産するために古くから熱帯・亜熱帯地域で栽培されてきた植物です。樹高が1mを超えて株が成熟してくると、濃い緑色の葉のわきに白い花が集まって咲き、花後に実をつけます。実は10か月ほどかけて緑色から赤色へと熟していきます。コーヒーノキの生育適温は、15～30℃で、低温や高温状態では実がつきにくくなります。夏は直射日光を避けて風通しをよくし、冬は10℃以上に保ちましょう。

害虫駆除

　害虫はそのままにしておくとあっという間に広がってしまいます。すぐに対処しましょう。

葉のつけ根などにカイガラムシなどがつきやすいので、見つけしだい歯ブラシなどでこすり落とす。

Q 株の根元から細い枝が出てきました。このまま育ててもよいですか?

　A　根元から勢いよく出てくる細い枝は「ひこばえ」と呼ばれます。コーヒーノキは比較的ひこばえが出やすい植物です。ひこばえは本体の木の養分を取ってしまうので、見つけしだいつけ根から切り取りましょう。幹の下のほうから出る枝も切り取っておくほうがよいでしょう。

ひこばえは、栄養を分散してしまうので切り取っておく。

Q 元気だったのに下葉が枯れてきました。

　A　コーヒーノキは寒くなると、下葉が枯れて落葉します。冬の室内でも10℃を保てるとよいでしょう。枯れた葉を見て乾燥状態だと思い水を与えると悪化します。冬は根鉢が乾いてから水をやりましょう。一方、春～秋の生育期は盛んに水を吸い上げるので、乾燥していると水切れが起こりやすくなります。葉先が垂れたり、新芽に勢いのない場合は水切れも考えられます。その場合は、腰水(⇨P133)や葉水を与えてみましょう。

寒さに当たって下葉からしおれ始めた株。

135

放射状に広がるカラフルな葉が魅力

コルディリネ

- 栽培 🌰🌰🌰🌰🌰
- 日陰 🌰🌰🌰🌰🌰
- 寒さ 🌰🌰🌰🌰🌰
- 暑さ 🌰🌰🌰🌰🌰

コルディリネ'レッドスター' (屋外向き)

葉枯れ　ハダニ

栽培のコツ

置き場 品種により屋外でも可。一年を通して、屋内ならレースのカーテン越し、屋外なら半日陰に置く。日当たりを好むが、直射日光で新芽が焼けることがある。暗すぎる場所に長く置くと、株が倒れたり葉色が薄くなったりする。

水やり 一年を通して根鉢が乾いてから与える。

肥料 春〜秋に緩効性固形肥料を2か月に1回、または液肥を1〜2週間に1回程度与える。

作業 挿し木は、節を2〜3節つけて切り分けた茎を、挿し木用の土に挿す。挿す前に切り口をメネデール希釈液につけるとよい(⇨P97)。

病害虫 乾燥するとハダニがつきやすい。新芽はアブラムシに注意。

カレンダー

	1月	2月	3月	4月	5月	6月	7月	8月	9月	10月	11月	12月
置き場	レースのカーテン越しの室内または直射日光を避けた屋外											
水やり	根鉢が乾いてから											
肥料					置肥または液肥							
作業					植え替え、挿し木							
病害虫	ハダニ、アブラムシ											

特徴

　細長い剣状の葉が特徴で、品種によって葉色や模様がさまざまです。屋外向きの品種は、エントランスの植栽などにもよく使われています。地下茎は多肉質で甘みがあり、ニュージーランドやハワイなどでは食用にされていました。

コルディリネ・ストリクタ

屋内向き。新芽のうちは淡い緑色だが、生長すると濃い緑になる。「青ドラセナ」とも呼ばれる。

コルディリネ・ストリクタ黄斑

屋内向き。コルディリネ・ストリクタの斑入り種で、剣状の細長い緑葉に黄色のラインが入る。

葉枯れ

　下葉が枯れて垂れるのは新陳代謝の生理現象です。枯れた葉や古くなった葉は取り除きましょう。

葉は根元から切り落とす。葉を切るときは、よく切れる清潔なハサミを使う。

Q レッドスターの葉の色が抜けて茶色がかってきました。

A 直射日光による葉焼けが考えられます。コルディリネは日当たりを好みますが、直射日光は避けて明るめの日陰に移動して管理しましょう。葉焼けした葉は元に戻らないので、変色した部分を斜めにカットしておくと見た目が整います。

Q 水をあげても葉先が垂れ、元気がないように見えます。

A 鉢土を触ってみてください。いつも湿っているようなら水のやりすぎで根が傷んでいる可能性があります。鉢から株を抜いて根の状態を確認しましょう。根が腐っているようなら傷んで黒くなった部分を取り除き、水はけのよい土に植え替えて様子を見ます。根を取り除いたときは、同じくらいの割合で葉も切り落とします。冬であれば水やりをやめ、暖かくなる時期を待ってから植え替えます。寒い時期に植え替えてしまうと、弱った株がさらにダメージを受けて回復の可能性が低くなります。

丈夫で育てやすく初心者にもおすすめ

サンスベリア

- ● 栽培 🌰🌰🌰🌰🌰
- ● 日陰 🌰🌰🌰🌰🌰
- ● 寒さ 🌰🌰🌰🌰🌰
- ● 暑さ 🌰🌰🌰🌰🌰

サンスベリア・ゼラニカ

根詰まり

栽培のコツ

置き場 日陰では葉が軟弱になるため、室内の日当たりのよい場所に置く。冬は10℃以上を保つのが理想だが、水やりをやめて休眠させれば5℃程度でも越冬できる。

水やり 年間を通して乾かし気味に管理する。生育期の春～秋は根鉢が乾いたらたっぷり与える。冬は水やりを控えて根鉢を乾かし、月1回程度与える。

肥料 春～秋に固形肥料を2か月に1回、または規定量よりもやや薄めの液肥を2週間に1回程度与える。

作業 充実した株は盛んに新芽が出るので、親株と子株を分けて植えつける。葉挿しは、6～10cmほどの長さに切り分けた葉を挿し木用の土に挿して発根させる（⇨P101）。

病害虫 一年を通して、カイガラムシやハダニの発生に注意する。

カレンダー

	1月	2月	3月	4月	5月	6月	7月	8月	9月	10月	11月	12月
置き場	日当たりのよい室内											
水やり	月1回程度		根鉢が乾いてから								月1回程度	
肥料				置肥または薄めの液肥								
作業					植え替え、株分け、葉挿し							
病害虫	カイガラムシ、ハダニ											

特徴

　アフリカと南アジアの乾燥地域に生育する植物で、空気の浄化作用があることでも有名です。

　厚く丈夫な葉は、細長い剣状や棒状、短いへら状など品種によって形が異なります。葉が長い剣状のものは、かつて繊維を取り弓の弦に利用されていました。毒性はありませんが、猫が毛玉吐きのために、とがった葉先をかじることがあるので注意しましょう。

　乾燥に強いので、休眠期の冬は水を与えずに管理すると5℃程度まで耐えられます。

**サンスベリア
'ファーンウッド'**

縞模様のある棒状の葉がロゼット状に広がりながら群生する。光が弱すぎると葉が横に広がる。

**サンスベリア
'サムライドワーフ'**

肉厚の葉がきれいに重なる姿が特徴。別名「ミニサムライ」と呼ばれコンパクトに育つ品種。

**サンスベリア
'ローレンチー'**

「トラノオ」の別名通り、細長い葉にはトラの柄に似た模様が入り、黄色の斑で縁取られている。

**サンスベリア・キルキー・
プルクラ'コパトーン'**

四方に広がって展開するやや幅広の葉が銅のような色に染まる希少種。シックで美しい。

**サンスベリア・
ボンセレンシス**

棒状のむちむちした丸い葉が左右互い違いに出て扇状に育つ可愛らしい種類。

**サンスベリア・
マッソニアーナ**

楕円形の厚葉が重なりあって立つようにつく。環境が整えば50〜60cmほどまで育つ。

株分け

大きくなった植物を増やしたいときは株分けしましょう。
今回は根詰まりしかけた株を2つに分けます。

1 鉢から株を抜くが、根が詰まっているときは、底穴から押し上げたり鉢を叩いたりして、根鉢と鉢の間にすき間をつくると抜きやすい。

2 根が鉢の上部にまで伸びてきて新しい芽が出はじめている。

3 根をほぐして株を2つに分ける。根のつながり具合を見て、株の分かれ目を探る。

4 新しい鉢に鉢底網と鉢底石を敷く。土を入れて、分けた株を植える。

5 わりばしなどで土を突き、根のすき間まで土を入れる。土を手で押さえて株を固定する。

6 残りの株も同じように植えつける。植えつけ後は根を乾かすために、そのまま風通しのよい明るい日陰に置く。10日ほど経ってから水やりを始める。

葉挿し

株分けや植え替えの途中で落ちてしまった葉は葉挿ししてみましょう。うまくいけば新芽が出てきます。

挿し木用の土を霧吹きで湿らせ、葉を挿す。根がついていれば、根が土の中に入るように埋める。

Q

斑入り種を葉挿しにしたら、斑がない葉が出てきました。

A サンスベリアに限らず斑入り種の葉挿しは、斑のない葉が出てくることがあります。また、最初は斑があっても生長するにしたがい斑が消えてしまうこともあります。気に入った斑入り品種は、葉挿しではなく株分けで増やしましょう。

斑入りの品種は、株分けであれば親株と同じ性質で育っていく。

Q

ボンセレンシスに毎日水をあげていたのに枯れてきました。

A 水の与えすぎが考えられます。サンスベリアは肉厚の葉に水分を蓄えて乾燥に耐えるタイプなので、一般的な観葉植物よりも水やりを控えめにするのが原則です。ボンセレンシスは葉の表面にしわが寄ってくる程度に乾かしても水を与えると元に戻ります。

Q

ゼラニカを育てていますが、葉がたくさん出てきて枯れてしまいました。

A ゼラニカは生長が旺盛でたくさんの葉が出てきます。鉢底から根が飛び出ているようなら根詰まりの状態なので植え替えましょう。根詰まりがないようなら、蒸れが原因かもしれません。枯れた葉や混み合った部分の葉を切り取って剪定し、風通しをよくしておきましょう。

てのひら状に広がった葉がエキゾチック

シェフレラ

- 栽培 🌱🌱🌱🌱🌱
- 日陰 🌱🌱🌱🌱🌱
- 寒さ 🌱🌱🌱🌱🌱
- 暑さ 🌱🌱🌱🌱🌱

シェフレラ

栽培のコツ

置き場 一年を通してレースのカーテン越しの室内がよい。夏は風通しも十分に確保する。日差しが足りないと間伸びした姿になりやすいので、真夏以外はときどき直射日光に当てる。

水やり 一年を通して、根鉢が乾いてから与える。地中の水分が多いと生育が旺盛になり間伸びした形になりやすい。

肥料 肥料は少なめでも育つが、生長を促したいときは春〜秋に規定量よりも薄めの液肥を2週間に1回程度。

作業 よく育つので株が大きくなったらひと回り大きい鉢に植え替える。こんもりと茂らせたいときは、枝を途中で切るか先端の芽を摘むと分岐した枝が出てくる。

病害虫 春〜秋はカイガラムシ、ハダニ、アブラムシの発生に注意する。

🎁 樹形くずれ 🎁 根詰まり

カレンダー

	1月	2月	3月	4月	5月	6月	7月	8月	9月	10月	11月	12月
置き場	レースのカーテン越しの室内で、真夏以外はときどき直射日光に当てる											
水やり	根鉢が乾いたら											
肥料			薄めの液肥									
作業					植え替え、剪定、挿し木				植え替え			
病害虫			カイガラムシ、ハダニ、アブラムシ									

特徴

おもに熱帯アジアが原産の植物で、手のひら状に分かれた緑色の葉が特徴です。葉に模様が入るものや細葉の品種もあります。丈夫で生育も旺盛なので、初心者にはおすすめの種類です。

ナチュラルな雰囲気の流れ樹形や、デザイン性の高い曲げ樹形のものも出回っており、ミニ観葉から大鉢まで、サイズも豊富です。樹液にシュウ酸カルシウムが含まれるため、ペットや子どもが多量に誤食すると中毒を起こすことがあります。注意しましょう。

シェフレラ ‘コンパクタ’

シェフレラの園芸品種で、葉が小さくコンパクトに育てられるタイプ。

シェフレラ ‘グリーンブレイズ’

シェフレラの枝変わり種で、葉が幅広く大きくてダイナミックな印象。つやがあり波を打ったような葉が特徴的。

シェフレラ ‘アンガスティフォリア’

シェフレラよりも葉が細く繊細な印象だが、シェフレラ同様に丈夫で育てやすい。生育も旺盛。

シェフレラ ‘チェンマイ’

園芸品種ホンコンの枝変わり種で、気根が出やすい。葉はやや小さめの明るいグリーンが涼しげな印象。

葉が密集すると蒸れて葉が枯れ込んできます。剪定で風通しをよくしましょう。

1 大株のシェフレラ‛チェンマイ’を剪定する。

2 横に伸びた枝のラインを強調するために、枝を隠していた葉を切り落とした。枝を切るときはつけ根の近くで切る。

3 樹形の内側に向かって伸びている枝を切り取る。混み合った部分をなくし、風通しをよくするために行う。

4 枯れた葉や傷んでいる葉は、つけ根から切り取る。

5 以前の剪定で切り残した切り口があれば、つけ根で切り取る。見た目がきれいに仕上がる。

6 幹や枝があらわれて、シェフレラらしい枝ぶりが観賞できるようになった。

Q

大きくなりすぎたシェフレラを剪定したいのですが、はじめてなので失敗しないか不安です。

A シェフレラは丈夫な観葉植物です。剪定の適期内でも、とくに生育が旺盛になる5〜6月ごろであれば、少しくらい切りすぎても問題ありません。重なりあった枝や樹形の内側に向かって伸びている枝などを中心に切ることを意識しましょう。すぐに新芽が伸びてきますので、思い切って剪定し風通しをよくしてあげましょう。

挿し木

元気な株であれば、剪定で切り取った茎を挿し穂にして挿し木できます。

葉は蒸散を抑えるために4分の1程度を残して切り取り、挿し木用の土に挿す（詳しくは ⇨ P100）。

Q 生育期に毎日水やりをしていたのですが、急に葉が落ち始めました。

A 根腐れを起こしている可能性があります。鉢から抜いて根の状態を確認してみましょう。根腐れを起こしていたら、傷んで黒くなっている根を取り除き、新しい土に植え替えます。シェフレラは乾燥に強いので、一般的な観葉植物よりも水やりは控えめで大丈夫です。

Q 下葉がすべて落ちて、上のほうにしか葉がありません。バランスが悪いのですが、どうしたらいいでしょうか。

A 新しい葉は枝先や株の上のほうからしか出てきません。下葉がなくバランスが悪くなった株は、株元から10〜20cmほどの高さのところで切り戻しましょう。根詰まりしているようなら、同時に植え替えも行います。5〜6月が作業の適期です。

1 土の表面から10〜20cmほどのところで切る。切った上部は、挿し木してもよい。

2 古い土と根を全体の2割程度落とし、新しい土を加えて植え替える。

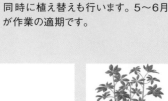

3 たっぷり水をやった後は明るい日陰に1週間ほど置き、その後は通常通り管理する。

4 切ったところから新芽が出て、茎や葉が伸びてくる。

ブドウ科 セイシカズラ属

つる性の枝に密生したさわやかな緑葉がエレガント

シッサス

● 栽培	🌱🌱🌱🌱🌱
● 日陰	🌱🌱🌱🌱🌱
● 寒さ	🌱🌱🌱🌱🌱
● 暑さ	🌱🌱🌱🌱🌱

パーセノシッサス・シュガーバイン

根傷み

栽培のコツ

置き場 日陰に長く置くとつるが間伸びするので、年間を通して日の当たる明るい場所に置く。冬は室内の明るく暖かい場所に。

水やり 夏は表土が乾き始めたら与える。それ以外の季節は根鉢が乾いてから与える。鉢内が過湿になると根腐れを起こしやすいので、風通しをよくしておく。

肥料 多肥を嫌うので、春〜秋に規定量よりやや薄めの液肥を2週間に1回程度与える。

作業 鉢の中が過湿になって根腐れを起こすと葉が落ちるので、早めに植え替える。根元が混み合ってきたら弱った茎を切り、伸びすぎた茎も短く刈り込む。

病害虫 春〜秋はカイガラムシやハダニが発生する。

カレンダー

	1月	2月	3月	4月	5月	6月	7月	8月	9月	10月	11月	12月
置き場	日当たりのよい室内			日当たりのよい場所							日当たりのよい室内	
水やり	根鉢が乾いたら					表土が乾き始めたら			根鉢が乾いたら			
肥料			薄めの液肥									
作業				植え替え、剪定、挿し木								
病害虫			カイガラムシ、ハダニ									

特徴

　熱帯・亜熱帯に原生するつる性植物で、葉に切れ込みや白色の斑が入る観葉植物です。人気のあるシュガーバインは別属の植物ですが、シッサスと同じ仲間として扱われていることがあります。高温多湿でよく生育します。冬越しは5℃以上を保つようにしましょう。

シッサス・ロンビフォリア 'エレン・ダニカ'

切れ込みが深く光沢のある葉が特徴。比較的寒さに強いタイプで、生育も旺盛。

シッサス・ディスカラー

葉表が濃い緑葉に白の斑が入り、葉裏とつるは赤紫色。「セイシカズラ」とも呼ばれる。

蒸れ防止

シッサスは葉が混みやすいので、株の根元が蒸れがちです。

1 シッサスは比較的湿った土を好むが、密集してくると根元から蒸れ、葉が黒く変色し枯れ込んでくる。

2 背面が閉ざされた棚の上などは風が通りにくく蒸れやすい。窓辺など風通しのよい場所に置く。

Q シュガーバインの葉が落ちてきてしまいました。

A 生育期に葉が落ちるのは水切れや肥料の不足、日照不足あるいは逆に急に直射日光に当ったことなどが考えられます。環境を見直しましょう。また、高温多湿の状態で閉め切った部屋に置いておくと、蒸れて枯れることもあります。風通しのよい場所に置くようにします。

Q シッサスのつるは挿し木できますか?

A 比較的簡単に挿し木で増やせます。勢いのある茎を選び、茎先から6〜7cmカットして下葉を落とします。挿し木用の土に挿して土が乾かないように管理すると根づいてくるでしょう。水挿しは、挿し穂からある程度根が伸びてきたら、挿し木用の土に植えます。

Syngonium

矢尻形や卵形の葉が涼しげ

シンゴニウム

- ●栽培 🌱🌱🌱🌱
- ●日陰 🌱🌱🌱🌱🌱
- ●寒さ 🌱🌱🌱
- ●暑さ 🌱🌱🌱🌱🌱

シンゴニウム'ホワイトバタフライ'

 落葉 根詰まり 水切れ

栽培のコツ

置き場 日陰でも育つが、株が弱くなってしまうので、年間を通してレースのカーテン越しなど明るい日陰が最適。寒さに弱いので冬は暖かい場所に。

水やり 春と秋は根鉢が乾いたら与える。夏は表土が乾いたら与える。冬は春秋と同様だが、やや乾かし気味にする。葉が乾燥しやすいので乾燥するときは葉水を与える。

肥料 多肥を嫌うので、春〜秋に緩効性固形肥料を2〜3か月に1回、または規定量よりも薄めた液肥を2週間に1回程度与える。

作業 下葉が落ちやすいので、見た目が間伸びしてきたら茎を短く切り戻して葉を再生させる。切った茎で挿し木できる。

病害虫 一年を通して、カイガラムシやハダニの発生に注意する。

カレンダー

	1月	2月	3月	4月	5月	6月	7月	8月	9月	10月	11月	12月
置き場	レースのカーテン越しの室内（明るい日陰）											
水やり	根鉢が乾いたら						表土が乾いたら		根鉢が乾いたら			
肥料				置肥または薄めの液肥								
作業				植え替え、剪定、挿し木								
病害虫	カイガラムシ、ハダニ											

特徴

白やピンクなどの斑が入るカラーリーフが楽しめます。幼苗は葉が矢尻形ですが、生長すると切れ込みが入ります。樹液に毒性のあるシュウ酸カルシウムが含まれているので、ペットや子どもが誤食しないように注意しましょう。

シンゴニウム‘ネオン’

スモーキーピンクとライトグリーンの葉がやさしい印象。葉焼けしやすいので強光は避ける。

シンゴニウム‘チョコレート’

葉の表はダークな緑色で、裏側は赤紫色。光不足だと葉色が悪くなるので、明るい日陰に置く。

植え替え

シンゴニウムは生育が旺盛で、株の上部が大きくなると倒れやすくなります。バランスが悪くなったら植え替えましょう。

購入時のビニールポットがいっぱいになったら、ひと回り大きな鉢を用意して植え替える。鉢とのバランスがよくなり、株がのびのびとしてくる。

Q 斑入り品種ですが、斑の色が抜けてきました。

A 日照不足が考えられます。シンゴニウムは日陰に強い植物ですが、長く日陰に置いたままにすると、葉色が抜けてくることがあります。明るい日陰で管理しましょう。また生長すると若い葉と比べ、葉形や葉色が変化し、模様などが不鮮明になってくることも。大株にしすぎず、適宜株分けで大きさを保つとよいでしょう。

Q しばらく水やりを控えていたら葉が枯れてきました。

A シンゴニウムは生育が旺盛で水切れを起こしやすいタイプです。生育期に表土が乾いている状態なら、たっぷり水を与えましょう。葉の乾燥がひどく翌日になってもしんなりしていたら、腰水（⇒P133）をします。休眠期でも根鉢が完全に乾いていたら、たっぷり与えましょう。

シルバーグリーンの斑が魅力。ハンギングにも向く

スキンダプサス

● 栽培	🌰🌰🌰🌰🌰
● 日陰	🌰🌰🌰🌰🌰
● 寒さ	🌰🌰🌰🌰🌰
● 暑さ	🌰🌰🌰🌰🌰

シラフカズラ

栽培のコツ

置き場 レースのカーテン越しなど明るい日陰に置く。耐陰性はあるが、暗すぎる場所は白斑が抜けることがある。寒さにやや弱いので、冬は10℃以上に保つとよい。

水やり 葉が厚く乾燥に強いので、やや乾かし気味に。夏は表土が乾いたら与える。それ以外の季節は、根鉢が乾いたら与える。

肥料 肥料はあまり必要としないので、春〜秋に緩効性固形肥料を2〜3か月に1回、または規定量よりも薄めた液肥を2週間に1回程度与える。

作業 生長が早いので、株がいっぱいになったら植え替えか株分けを。つるが伸びすぎたり葉が少なくなったりしたら切り戻す。切った茎は挿し木できる。

病害虫 春〜秋にハダニが発生しやすい。霧吹きで葉水を与えて発生を防ぐ。

カレンダー

	1月	2月	3月	4月	5月	6月	7月	8月	9月	10月	11月	12月
置き場	レースのカーテン越しの室内 (明るい日陰)											
水やり	根鉢が乾いたら						表土が乾いたら		根鉢が乾いたら			
肥料					置肥または薄めの液肥							
作業					植え替え、株分け、挿し木							
病害虫				ハダニ								

熱帯アジア原産で、つる性の茎に白斑の葉をもつシラフカズラなどスキンダプサス・ピクタスの園芸品種が人気です。丈夫で10℃以上で湿度を保つと元気に育ちます。毒性のあるシュウ酸カルシウムを含むので、ペットや子どもの誤食に注意を。

スキンダプサス 'トレビーシルバー'

スキンダプサス・ピクタスの園芸品種で、濃い緑色の葉に白い斑が全体にうっすらと入る。光沢のある美しいシルバーリーフ。

土増し

ポット苗を鉢カバーに入れて楽しむのは手軽でよいですが、サイズが小さいため土も減りやすくなります。ときどき土の状態を確認しましょう。

1 水やりをくり返すと、土が固く締まったり、少しずつ流れたりして土かさが減っていく。

2 根詰まりなどがなく順調に育っているものなら、土が減っている部分に新しい土を足し、このままポットで育ててもよい。

Q ハンギング株の節間が間伸びしてバランスが悪くなってしまいました。

A 節間の間伸びは肥料の与えすぎが考えられます。肥料は植え替えのときに元肥として混ぜておけば、その後はほとんど必要ありません。また、光不足でも節間が間伸びします。暗い場所で管理しているようなら、直射日光を避けた明るい場所に移動しましょう。

Q 葉が枯れてきました。なにが原因でしょうか?

A 寒さや乾燥が考えられます。冬は10℃以下にならないようにし、水やりは控え気味にします。ただし空気の乾燥には弱いので、湿度が60%以下になっているようなら霧吹きで葉水を与えてください。葉が茶色や黄色に変色しているようなら根詰まりや根腐れの可能性があります。暖かくなってから植え替えましょう。

大きく広がる葉がインテリアグリーンとして人気

ストレリチア

● 栽培	🌰🌰🌰🌰🌰
● 日陰	🌰🌰🌰🌰🌰
● 寒さ	🌰🌰🌰🌰🌰
● 暑さ	🌰🌰🌰🌰🌰

ストレリチア・レギネ

レギネの花

樹形くずれ

根詰まり

栽培のコツ

置き場 一年を通して、日当たりのよい明るい室内に置くのが最適。日陰には強いが、光が弱すぎる場所だと株が貧弱になってしまう。

水やり 地中に太い根があり、乾燥には強いが、多湿に弱い。一年を通して、根鉢が乾いてから与えるようにする。

肥料 春〜秋に、緩効性固形肥料を2〜3か月に1回、あるいは規定量より薄めにした液肥を2週間に1回程度与える。

作業 根詰まりしやすいので、1〜2年に1回は植え替えを行う。鉢いっぱいに生育した株は葉が横に広がって見た目が悪くなるので、根鉢を2〜3分割して株分けするとよい。

病害虫 春〜秋はカイガラムシ、アブラムシの発生に注意する。

カレンダー

	1月	2月	3月	4月	5月	6月	7月	8月	9月	10月	11月	12月
置き場	日当たりのよい室内											
水やり	根鉢が乾いてから											
肥料					置肥または薄めの液肥							
作業					植え替え、株分け							
病害虫				カイガラムシ、アブラムシ								

特徴

　熱帯雨林に生育し、独特のカラフルな花を咲かせます。根が多肉質で乾燥に強く、排水のよい粗めの粘土質の土を用いると元気に生育します。水やりを控えると5℃程度で越冬できます。シュウ酸カルシウムを含むので、ペットや子どもの誤食に注意しましょう。

ストレリチア・オーガスタ

幅広で濃い緑色の葉が広がりやすく、大株になると葉が裂けてくるのが特徴。

ストレリチア・ユンケア

葉が小さく、個体によってはほとんどないものもある。「ノンリーフ」とも呼ばれる。

植え替え

植え替えの適期は5〜7月です。

1 株を鉢から抜くが、根詰まりしていると抜きにくい。鉢の側面を叩くなどして衝撃を加えると土がゆるんで抜きやすくなる。

Q ストレリチア・レギネの花を咲かせたいです。

A レギネは株が大きく成熟しないと花はつきません。大きさの目安は1m以上。春〜秋の生育期には定期的に肥料を与えて、しっかりと日に当てて育てましょう。ただし夏の直射日光は避けます。

2 ひと回り大きな鉢に鉢底網と鉢底石を敷き、土を鉢の高さの3分の1程度まで入れる。

3 株を置き、高さを見ながら土を加える。根のすき間にも土を流し、ウォータースペースまで土を入れる。

4 土を両手でしっかり押さえて株を固定させる。植え替え後は鉢底から水が流れ出るまでたっぷりと与える。

エアプランツとも呼ばれ、土が不要の植物

チランジア

- 栽培 🌿🌿🌿🌿🌿
- 日陰 🌿🌿🌿🌿🌿
- 寒さ 🌿🌿🌿🌿🌿
- 暑さ 🌿🌿🌿🌿🌿

チランジア・ウスネオイデス

根傷み

水切れ

栽培のコツ

置き場 一年を通して日当たりのよい窓辺が最適。日陰にも比較的強いので、夏は浴室に置いてもよいが、風通しが悪いと根元が腐りやすいので注意。

水やり 霧吹きで週に2〜3回ほど葉水を与える。乾燥しすぎたら、水を汲んだ容器に数時間ひたして給水させる。給水後は、葉と葉の間に水をためないよう、逆さまにして水を抜く。

肥料 基本的には必要ないが、春にスプレータイプの肥料を与えてもよい。花が咲く種は春〜秋、2〜3か月に1回緩効性の固形肥料を与える。

作業 子株をよく出す種と、ほとんど出さない種がある。子株を出す種は、子株が出たら大きい鉢に植え替える。子株を切り離して株分けもできる。

病害虫 カイガラムシの分泌液にすす病がつくことがあるので注意する。

カレンダー

	1月	2月	3月	4月	5月	6月	7月	8月	9月	10月	11月	12月
置き場	日当たりのよい窓辺											
水やり	葉水（週に2〜3回程度）											
肥料				スプレータイプ		固形肥料（花の咲く種）						
作業				植え替え、株分け								
病害虫	カイガラムシ、すす病											

特徴

北米〜中南米の熱帯に400種以上があり、樹木や岩、屋根などに着生しています。多くは葉に灰色や茶褐色、銀白色などの鱗片（りんぺん）があり、粉をかぶったように見えます。根の発達が悪く、葉から空中の水分を吸収するので、葉水を頻繁に与えるようにします。

チランジア・キセログラフィカ

美しい銀葉種で「エアプランツの王様」ともいわれる。丈夫で育てやすい。

チランジア・イオナンタ

メキシコ産とグアテマラ産があり、グアテマラのほうが葉が細長く大きく生長する傾向がある。

ソーキング

チランジアでよく行われる水やりのひとつで、株全体を水につける方法です。

1 ウスネオイデスは乾燥にとても弱いため、3〜4日に一度ソーキングするとよい。

2 全体がしっかりと水に濡れればOK。留守にする前などは3〜4時間つけておくと安心。ソーキング後は風通しのよい場所に置き、濡れたままにしない。

Q キセログラフィカの下葉が枯れてきました。

A 葉は株の下のほうから順に古くなって枯れていくものなので、心配ありません。枯れた葉をそのままにしておくと、風通しが悪くなって蒸れたり、カビをつくったりしてしまう原因になります。枯れ葉は手で取り除いておきましょう。

Q 根元を束にしておいたウスネオイデスが枯れてきてしまいました。

A 湿気を好む種ですが、葉が密生して風通しが悪いと蒸れて、内側から茶色く枯れてきます。その場合は、束をバラして枯れた部分を取り除き、小分けにしてあげましょう。逆に外側から枯れてくる場合は、乾燥が原因の可能性があります。ソーキングを行い、葉水の頻度を増やしてみましょう。

すらりと伸びた枝の先に細長い葉をつける

ドラセナ

- 栽培　/////
- 日陰　/////
- 寒さ　/////
- 暑さ　/////

葉枯れ

根傷み

ドラセナ・コンシンネ 'ホワイボリー'

栽培のコツ

置き場　日陰でも育つが、日光が足りないと間伸びしたり、葉色が抜けたりする。一年を通して、レースのカーテン越しの明るい日陰に置く。寒さには弱いので、冬は窓辺の冷気に当てないように注意する。

水やり　鉢土が湿りすぎていると根腐れを起こす。一年を通して、根鉢が乾いてから与える。

肥料　春〜秋の生育期に、緩効性固形肥料を2か月に1回、または液肥を2週間に1回程度与える。

作業　枝が混み合ってきたら剪定して仕立て直す。根元から出た細い枝や、枝の途中から内側に向かって出た枝はつけ根から切り取る。5〜7月なら切り取った枝を挿し木できる。

病害虫　葉のつけ根や裏などにカイガラムシやハダニが発生しやすい。

カレンダー

	1月	2月	3月	4月	5月	6月	7月	8月	9月	10月	11月	12月
置き場	レースのカーテン越しの室内（明るい日陰）											
水やり	根鉢が乾いてから											
肥料				置肥または液肥								
作業				植え替え、剪定、挿し木					植え替え			
病害虫				カイガラムシ、ハダニ								

特徴

　日陰に強く8℃程度で越冬できて育てやすい植物です。生育が旺盛ですが、日陰に強いからと暗い場所に長期間置いたままにしておくと、ひょろひょろと徒長して樹形が乱れてしまいがちです。徒長して樹形が乱れたら、剪定の適期に当たる5〜6月に枝を切り戻して小さく仕立て直しましょう。
　樹皮や葉にサポニンが含まれているので、猫などのペットが誤食しないように注意しましょう。

ドラセナ・コンシンネ 'トリカラー'

ホワイボリー（⇨P156）は緑と白の2色ストライプ。トリカラーは緑、赤、黄の3色ストライプ。

ドラセナ'ワーネッキー'

ドラセナ・デレメンシスの園芸品種で、剣状の緑葉に白いストライプの斑が入る。「シロシマセンネンボク」とも呼ばれる。

ドラセナ・カンボジアーナ

細めで長く濃い緑葉が垂れ下がり、カールする姿が優美。流通の少ない希少種。

ドラセナ 'ソング・オブ・ジャマイカ'

濃い緑色に黄緑色のストライプが入る。葉色を保つために、直射日光を避けた明るい日陰に置く。

ドラセナ'ドラド'

光沢のある幅広の葉は、濃い緑色と明るい緑色のコントラストが鮮やか。寒さに強い品種。

ドラセナ'マッサンゲアナ'

太い幹がまっすぐに伸び、濃い緑葉にライムグリーンの斑が入る。別名「幸福の木」として有名。

ドラセナ 'ソング・オブ・インディア'

緑色に黄色の縁取りが入る細葉タイプ。ドラセナの中でも明るい葉色が人気の品種。

ドラセナの仲間

同じキジカクシ科でドラセナに似た仲間です。管理はドラセナの栽培のコツを参考にしてください。

トックリラン

生長にともない幹の下部が丸く太る姿がユニーク。葉が馬のしっぽのように垂れる姿から「ポニーテール」とも呼ばれる。

ユッカ・エレファンティペス

太い幹がまっすぐに伸び、「青年の木」とも呼ばれる。初心者でも育てやすい種類。

ユッカ・アロイフォリア

細くとがった葉先がシャープな印象を与え、屋外でもよく育つ。和名は「千寿蘭」。

葉先枯れ

水切れすると葉先から枯れてきます。見た目を整えるために枯れた部分をカットしましょう。

1 葉先の枯れは、水切れ、乾燥などが原因で起こる。

2 枯れた部分は斜めにカットして取り除く。斜めに切ることで、通常のとがった葉となじみやすく、自然に見える。

Q 繁りすぎたトックリランの葉は切ってもいい?

A 葉が繁りすぎたら、下部の古い葉を手で引っぱって取り除きましょう。長すぎる葉はハサミを斜めに入れてカットします。日陰にも耐える種類ですが、暗すぎる場所に置いて日差しが足りない状態だと、葉だけがひょろひょろと長く伸びてしまいます。直射日光の当たらない明るい場所で管理しましょう。

チャレンジ
曲げ仕立て

枝のやわらかいドラセナやフィカス（⇨P166）は、自分で枝を曲げることができます。チャレンジするときは、次の点に注意して行いましょう。

- 5〜9月の生育期に行う。
- 枝を触ってみて、弾力のあるやわらかい枝を選ぶ。
- 水切れにならない程度に水やりを控えておくと、枝が少しやわらかくなる。
- 曲げるときは、少しずつていねいにゆっくりと曲げていく。

1 曲げたい枝の先端にひもを結びつけ、枝が水平になるように固定させる。枝を水平にするときは、枝のつけ根のほうから横に倒すようにする。一気に行わずゆっくり少しずつ倒し、折れない位置で固定する。

2 枝は結んだ位置から上に伸びていく。次の生育期がきたらひもを外す。

> 枝が折れてしまったら挿し木できる。枝を10cm程度の長さにカットし、湿らせた挿し木用の土に挿す。

下葉枯れ

新芽が増えてくると、古くなった下葉は垂れて、自然と枯れてきます。見た目を整えるために取り除きましょう。

1 元気に育っている株でも新陳代謝のため、下葉が枯れ込んでくる。

2 役目を終えた葉は、軽く引っぱると取れる。枝に葉がついていた跡が残り、これが重なって模様のように見える。

Q

コンシンネの葉がだらりと垂れてしまいます。

A 古くなった下葉が垂れるのは生理現象ですが、全体的に垂れているのは水不足か日照不足が考えられます。根鉢が乾いていたらたっぷり水を与えましょう。置き場所は、日当たりのよい場所が最適です。葉焼けを起こす直射日光を避け、レースのカーテン越しの光にしましょう。葉が垂れて、茎が黒く変色している場合は、根腐れの可能性があります。暖かくなるのを待ち植え替えましょう。

Pachira

丈夫で育てやすく大きさもコントロールしやすい

パキラ

- ●栽培　／／／／／
- ●日陰　／／／／／
- ●寒さ　／／／／／
- ●暑さ　／／／／／

パキラ

樹形くずれ

栽培のコツ

置き場 一年を通して、レースのカーテン越しの明るい室内に置くのがよい。やや寒さに弱いので、冬は窓辺の冷気に当てないよう室内の暖かい場所で管理する。

水やり 根があまり広がらない種類のため水を吸収しにくく、鉢土が長く湿っていると根腐れを起こしやすい。一年を通して、根鉢が乾いてから与えるようにする。

肥料 春〜秋に緩効性固形肥料を2か月に1回、または規定量より薄めの液肥を2週間に1回程度与える。

作業 枝や葉が繁りやすいので、剪定して株の内部にも光や風が通るようにする。背が高くなりすぎたら、好みの位置で切り戻す。

病害虫 春〜秋はカイガラムシ、ハダニ、アブラムシの発生に注意する。

カレンダー

	1月	2月	3月	4月	5月	6月	7月	8月	9月	10月	11月	12月
置き場	レースのカーテン越しの室内（明るい日陰）											
水やり	根鉢が乾いてから											
肥料				置肥または薄めの液肥								
作業				植え替え、剪定				植え替え				
病害虫				カイガラムシ、ハダニ、アブラムシ								

特徴

　細身の葉が放射状に広がってつくパキラは、熱帯アメリカ原産の樹木です。自生地では15〜20mほどの高さになります。原産地では果実と種子を焼いて、食用にされていました。

　生長が早く、生育が旺盛です。乾燥を好むので、根鉢が完全に乾いてから水やりするのが、うまく育てるコツです。

　日陰でも育つタイプですが、光が足りないと幹が太くならずひょろひょろした姿になります。一方、日当たりがよい室内でも、長期間放置したままだと徒長して姿が乱れてきます。姿が乱れてきた株は、剪定で切り戻し、仕立て直しましょう。

　また、葉焼けを起こしやすい種類でもあるので、夏だけでなく、年間を通して直射日光は避けるようにします。

パキラ'ミルキーウェイ'

繊細な斑入り葉は涼しげだが、葉焼けしやすいので注意。一般的なパキラよりも生育が遅め。

剪定

背が高くなりすぎたものや、樹形が乱れてきたものは剪定で整えます。冬は避け、5〜7月に行うようにしましょう。

1 パキラは枝がどんどん伸びて葉も繁りやすく、放置しておくと樹形が乱れてくる。

2 思い切って幹の下のほうで剪定。パキラは芽吹く力が強いので、思い切った剪定でも失敗が少ない。

3 切り口の下から新芽が出てきて、葉が繁ってくる。

Q 生育期なのに葉がパラパラと落ちてしまいます。

A 乾燥が原因だと思われます。パキラは丈夫で、比較的乾燥にも強いタイプですが、乾燥しすぎるとトラブルの元です。根鉢が乾いていたら、鉢底から水が流れ出るまで、たっぷり与えましょう。とくに生育期は、乾燥しすぎないよう注意します。

　また、ハダニの発生で葉を落とすこともあります。葉裏が白っぽくなっていたらハダニの被害です。被害がひどい場合は薬剤散布で対処しましょう。普段から霧吹きで葉水を与えていると、ハダニの防除にもなります。

根元の丸い葉とシカの角状の葉が個性的な植物

ビカクシダ

- ●栽培
- ●日陰
- ●寒さ
- ●暑さ

プラティセリウム・ビフルカツム 'ネザーランド'

根詰まり

栽培のコツ

置き場 一年を通し、風通しがよく明るい室内が最適。夏の直射日光は避け、春と秋は屋外でもよい。

水やり 高温多湿を好むが、根元が過湿にならないよう、メリハリをつけた水やりを意識する。春〜秋は水ゴケなどの植え込み材が乾いたら与え、冬は乾いた後、数日待ってから。葉水は通年行う。

肥料 春か秋のどちらか年1回、貯水葉（⇨P163）に包まれた植え込み材や土に、緩効性固形肥料を適量置く。

作業 貯水葉が増えると排水が悪くなり元気がなくなるので、株分けする。胞子葉（⇨P163）が枯れてきたら根元から切り取る。

病害虫 一年を通して、カイガラムシの発生に注意する。

カレンダー

	1月	2月	3月	4月	5月	6月	7月	8月	9月	10月	11月	12月
置き場	風通しのよい明るい室内											
水やり	植え込み材の乾燥後、数日待つ			植え込み材が乾いたら ※一年を通して葉水							植え込み材の乾燥後、数日待つ	
肥料				置肥					置肥			
作業				植え替え、株分け								
病害虫	カイガラムシ											

特徴

熱帯に原生するシダ植物の仲間で、根元にある貯水葉と、シカの角のように分かれた胞子葉の2種類の葉をつけるのが特徴です。高温多湿を好みますが、根元に水を与えるよりも空気中の湿度を保つようにすると元気に育ちます。冬は5℃以上を保ち管理しましょう。

胞子葉

貯水葉

プラティセリウム・エレファントティス

幅広の胞子葉が魅力で、大きく育つ人気種。風通しをよくして蒸れないように管理する。

板づけ

着生植物のビカクシダは、鉢植えよりも板づけ仕立てのほうが自生に近い環境になります。5〜9月の生育期に行いましょう。

1 板の上下にクギを打ち、中心部に通風のための空気穴をいくつか開けておく。

2 鉢から株を抜き、古い土や水ゴケを指でほぐしながら落とす。ビカクシダの根は細いので、根を傷つけないように注意しながら行う。

3 板の空気穴の上に水に濡らした新しい水ゴケを丸めて置き、株の根を広げながら水ゴケにかぶせるように置く。

4 テグスなどをクギに引っ掛けながら、水ゴケと株を固定する。このとき株の生長点（葉の根元周辺にある新芽が出るところ）を上部にし、傷つけないようにする。

Q

板づけしたビカクシダの根元が茶色に変色してきました。

A 水分過多で根傷みが起きています。水ゴケなどの植え込み材が完全に乾くのを待ちましょう。休眠期は葉水のみで様子を見ます。生育期は置き場所と水やりの頻度を見直します。通風を確保し、植え込み材が乾いてから水やりを。

密生した小さな葉が可愛らしい

ピレア

●栽培	🌰🌰🌰○○
●日陰	🌰🌰🌰🌰○
●寒さ	🌰🌰🌰○○
●暑さ	🌰🌰🌰🌰○

ピレア・ペペロミオイデス

葉蒸れ

栽培のコツ

置き場 夏はレースのカーテン越しなど明るい日陰に置く。夏以外の日差しが弱くなる時期は、ガラス越しの窓辺が最適。

水やり 一年を通し、根鉢が乾いたら与える。葉の上から水をかけると蒸れやすいので土に直接与え、水やり後は風通しを確保する。

肥料 真夏を除く春〜秋に緩効性固形肥料を2か月に1回、または規定量よりも薄めの液肥を1〜2週間に1回与える。

作業 繁った茎や葉は剪定でバランスを整える。年に1回植え替えるが、植え替え時にも茎を短く切り戻すとよい。切った茎は挿し木できる。真夏は作業を避ける。

病害虫 一年を通して、カイガラムシ、ハダニが発生しやすい。

カレンダー

	1月	2月	3月	4月	5月	6月	7月	8月	9月	10月	11月	12月
置き場	ガラス越しの明るい窓辺					レースのカーテン越しの室内			ガラス越しの明るい窓辺			
水やり	根鉢が乾いたら											
肥料				置肥または薄めの液肥					置肥または薄めの液肥			
作業				植え替え、剪定、挿し木					植え替え			
病害虫	カイガラムシ、ハダニ											

特徴

　小型やミニサイズのグリーンとして人気があり、たくさんの種類があります。どの種も日陰に強く、高温多湿を好みますが、土がつねに湿った状態は蒸れの原因になるので避けます。水はけのよい土に植えて、土は乾かし気味に管理するようにしましょう。

ピレア・グラウカ 'グレイジー'
赤い茎につける小さな葉にはシルバーグレーの斑が入る。

ピレア・ヌムラリフォリア
やわらかいミントグリーンの葉が密集し、吊り鉢で楽しめる。

蒸れ予防

ピレアなどやや多肉質の葉をもつ種類は、水分過多になり株が蒸れてしまうことがあります。水やり、置き場所に注意しましょう。

1 蒸れると葉が変色し溶けてくるので、水やりの管理を見直す。

2 葉にかからないよう土に直接水をやる。水やり後は明るい日陰で風通しのよい場所に置く。強光に当てると葉が落ちやすい。

Q 下葉がどんどん落ちてしまいます。

A ピレアは生育が旺盛で、根詰まりにより下葉を落とすことがあります。下葉が落ち、茎だけが長く伸びていたら、切り戻し剪定と株分けをしましょう。生育期に茎を3分の1ほど残して上部を切り、株を鉢から抜いて株分けします。株は茎だけの状態になりますが、すぐに新芽が出てきます。剪定した上部は挿し木もできます。

Q 冬の間、窓辺に置いていたら葉が落ち始めました。

A ピレアは5℃で越冬できますが、冬の窓辺は外気の冷たさをそのまま伝えます。とくに夜の寒さに当たって葉が枯れたと考えられます。枯れ葉は取り除き、ひとまずは窓辺から離して室内の暖かい場所で冬越しさせましょう。水やりはごく控えめに。根が生きているようであれば、春に新芽が出ますので様子を見ましょう。

葉の形や色、樹形もさまざまな観葉植物の代表種

フィカス

● 栽培	𝄇𝄇𝄇𝄇𝄇
● 日陰	𝄇𝄇𝄇𝄇𝄇
● 寒さ	𝄇𝄇𝄇𝄇𝄇
● 暑さ	𝄇𝄇𝄇𝄇𝄇

フィカス・ベンガレンシス

（樹形くずれ）

（根詰まり）

栽培のコツ

置き場 耐陰性はあるが、多くの品種は暗い日陰に長く置くと葉が落ちやすくなるので、できるだけ日当たりのよい場所に置く。斑入り品種は葉焼けを起こしやすいので直射日光を避ける。

水やり 一年を通して、根鉢が乾いてから与える。

肥料 春〜秋に緩効性固形肥料を2か月に1回、または液肥を1〜2週間に1回与える。コンパクトに仕立てたいときは肥料は少なめにしておく。

作業 旺盛に生育している株は根詰まりしやすいので、春〜秋に植え替える。枝が伸びすぎて形がくずれてきたら剪定で整える。切った枝は挿し木できる。

病害虫 年間を通してカイガラムシやアブラムシの発生に注意する。

カレンダー

	1月	2月	3月	4月	5月	6月	7月	8月	9月	10月	11月	12月
置き場	日当たりのよい場所											
水やり	根鉢が乾いたら											
肥料				置肥または液肥								
作業				植え替え、剪定、挿し木								
病害虫	カイガラムシ、アブラムシ											

特徴

温帯・熱帯が原産地で、「ゴムの木」とも呼ばれています。品種が多く、育てやすいことから長い間親しまれている観葉植物で、ウンベラータやアルテシマなどは明るい緑葉が人気です。枝や葉を切ると白い樹液が出てきます。衣類などにつくとはがれにくく、手や肌につくとかぶれることがあります。アレルギー反応が出ることもあるので、剪定などの際にはグローブを着用しましょう。

フィカス・ウンベラータ

大きなハート型に淡い緑色の葉がさわやかで、シンボルツリーとして人気。寒さで葉を落とすことがある。

フィカス・アルテシマ

肉厚で光沢のある緑葉に明るい黄緑色の斑が入る。自生地では30mにもなり、鉢植えでも大きく育つ。

フィカス 'ジン'

インドゴムノキ（フィカス・エラスティカ）の園芸品種。淡い黄緑色やピンクの葉に緑色の部分が混じる。

フィカス 'バーガンディー'

インドゴムノキの園芸品種。クロゴムとも呼ばれる。黒みがかった濃緑色の葉にワインレッドの新芽がシック。

フィカス 'メラニー'

インドゴムノキの園芸品種で、'バーガンディー'より葉が細身。フィカスの中では比較的生長がゆっくりなタイプ。

167

大鉢の植え替え

大鉢の株はそれ以上に大きくなると置き場所の問題などが出てきます。根鉢を小さくし、大きさを保つように植え替えましょう。

1 最初に枝葉を整理する。根詰まりして変色した葉や枯れ葉は切り取る。

2 枝を剪定する。切り口の下から新芽が出るので、どの位置から枝を伸ばしたいかを考えながら切る。切り口から樹液が出るので、ティッシュなどで押さえておく。

3 左の状態から、葉と枝を整理して右のような姿に。

4 鉢から株を抜く。ハンマーやこぶしで鉢を叩いて衝撃を与え、土と鉢の間にすき間をつくるようにすると抜きやすい。

5 細い根を傷めないように根鉢の下から土をほぐし、古い土を3分の1ほど落とす。根鉢の上部の土もほぐす。

6 鉢に鉢底網と鉢底石を敷き、新しい土を鉢の高さの3分の1ほど入れてから株を戻す。株がまっすぐに立つようにバランスを見て土を加える。

7 ある程度土を入れたら、長めの棒で土を突き、根の細かいすき間までしっかりと土を詰める。

8 両手で土をしっかりと押さえて、土と根を密着させ、株を固定する。

9 手で押さえて土が下がったら、ウォータースペースの位置まで土を加える。

10 鉢底からたっぷり水が流れ出るまで、全体にまんべんなく水やりする。

葉の手入れ

大きな葉をもつ種類は、葉にほこりがたまらないように手入れをしましょう。ほこりの付着は生育に影響します。

水で濡らしたやわらかい布を軽く絞り、葉の表と裏をやさしく拭く。普段から葉水を与えているとほこりもつきにくい。

Q ウンベラータをくり返し剪定していたら葉が小さくなったように感じます。

A 剪定で枝や葉数が増えると葉が小さくなる傾向があります。1本の木が養える葉の量に限りがあるためです。混み合った枝を切り、枝葉を減らすと葉は大きくなります。

Q 葉がかすれたように色が薄く抜けています。

A ハダニの被害が考えられます。被害を受けた葉は、触るとザラザラします。全体をシャワーで洗い流し、水分が乾いてからハダニ専用の薬剤で駆除しましょう。薬剤はスプレータイプが使いやすく便利です。

肉厚の葉は品種により色とりどり

フィロデンドロン

● 栽培	🌰🌰🌰🌰🌰
● 日陰	🌰🌰🌰🌰🌰
● 寒さ	🌰🌰🌰🌰🌰
● 暑さ	🌰🌰🌰🌰🌰

フィロデンドロン‘ピンクサプライズ’

樹形くずれ　根詰まり

栽培のコツ

置き場　日陰にも耐えるが、暗い場所では間伸びしたり、色が抜けたりする。春〜秋はレースのカーテン越しなど明るい日陰に置く。冬はガラス越しの日の当たる場所へ。

水やり　乾きやすい夏は表土が乾いたら与える。それ以外の季節は、根鉢が乾いたら与える。

肥料　春に緩効性の固形肥料を1回与え、その後は秋まで規定量よりもやや薄めの液肥を2週間に1回程度。コンパクトに保ちたいときは肥料も控えめでよい。

作業　生育が旺盛。下葉が落ち始めたときは根詰まりしている可能性があるので植え替える。

病害虫　一年を通してカイガラムシ、ハダニに注意する。乾燥すると出やすいので、葉水を与えて防ぐ。

カレンダー

	1月	2月	3月	4月	5月	6月	7月	8月	9月	10月	11月	12月
置き場	日当たりのよい室内			レースのカーテン越しの室内							日当たりのよい室内	
水やり	根鉢が乾いたら						表土が乾いたら		根鉢が乾いたら			
肥料				置肥		薄めの液肥						
作業				植え替え、株分け、挿し木								
病害虫	カイガラムシ、ハダニ											

特徴

中央・南アメリカの熱帯林が原産地です。長さ50cmにもなる巨大な葉が魅力ですが、観葉植物としては幼株がほとんどで、それほど大きくはなりません。株全体にシュウ酸カルシウムを含み、ペットや子どもが誤食すると中毒を起こす可能性があります。注意しましょう。

フィロデンドロン・セローム

大きな切れ込みの入った葉をもち、太い気根で幹立ちする姿が特徴的。比較的生長スピードが早い。

フィロデンドロン‘シルバーメタル’

葉は小型だが、メタリックな銀色の葉色が美しいつる性のフィロデンドロン。挿し木でもよく増える。

剪定

つる性のフィロデンドロンは生長すると葉が密集し、風通しが悪くなります。剪定で形を整えましょう。

1 写真の株はまだ問題ないが、つるの一部が伸びすぎてバランスがくずれてきたら剪定する。

2 つるを清潔なハサミで切り取る。つるの分岐点のすぐ上で切ると、そこから新芽が出てくる。

3 剪定したつるは、切り口を斜めにカットして水差しにしてもよい。

Q セロームの葉が倒れ、垂れ下がってしまいました。

A 根腐れか日照不足が考えられます。置き場所は直射日光の当たらない明るい場所にし、鉢土の乾きを確認してください。土の乾きが悪ければ根詰まりや根腐れで水分を吸収できていない状態です。

171

Begonia

銀白色や赤銅色など葉色が多様で花も楽しめる

ベゴニア

● 栽培	🌱🌱🌱🌱🌱
● 日陰	🌱🌱🌱🌱🌱
● 寒さ	🌱🌱🌱🌱🌱
● 暑さ	🌱🌱🌱🌱🌱

ベゴニア・マクラータ

根傷み

栽培のコツ

置き場 一年を通して室内のレースのカーテン越しが最適。夏は屋外に出してもよいが直射日光の当たらない明るい日陰に置く。

水やり 乾かし気味がよいので、通常は根鉢が乾いてから与える。乾燥しやすい夏は、表土が乾いたら与える。

肥料 春と秋に、緩効性の固形肥料を1回ずつ与えるか、または液肥を2週間に1回程度与える。

作業 春〜秋に株が大きくなったら伸びすぎた茎を切って形を整え、植え替える。茎が黒くなったものは根腐れを起こしている可能性があるので、腐った部分を取り除いて植え替える。

病害虫 風通しが悪いとカイガラムシやアブラムシが発生しやすい。

カレンダー

	1月	2月	3月	4月	5月	6月	7月	8月	9月	10月	11月	12月
置き場	レースのカーテン越しの室内(明るい日陰)											
水やり	根鉢が乾いたら						表土が乾いたら		根鉢が乾いたら			
肥料					置肥または液肥					置肥または液肥		
作業					植え替え、挿し木、葉挿し							
病害虫				カイガラムシ、アブラムシ								

特徴

　種類の多いベゴニアですが、観葉植物として楽しむものには、葉にカラフルな模様が入るレックスベゴニア、紫黒色の鉄十字模様が入るアイアンクロスなどがあります。樹液でかぶれることがあるので、作業の際はグローブをして予防します。

レックスベゴニア

左右非対称の葉をもち、品種によってさまざまな葉色や模様を楽しめる根茎性のベゴニア。

ベゴニア・ボウェリー 'タイガー'

小さな緑葉に赤茶の斑がトラ模様のように入る根茎性のベゴニア。根が細く根腐れしやすいので水やりに注意する。

葉枯れ

ベゴニアは高湿度を好みますが、土が湿っている状態が続くと根腐れを起こしやすいタイプです。葉がしおれてきたら注意しましょう。

1 傷んだ葉が枯れ込み、枝もしおれて垂れてしまった。

2 枯れた葉は、茎ごと根元から取り除く。茎を指でつまんで、株から引き離すような感じで引っぱると取れる。

3 水やりは通常より控え気味にし、風通しのよい場所に置く。冬は暖かい場所へ。根腐れの可能性があれば5〜6月に植え替える。

Q 室内の飾り棚に置いた株がしおれてしまいました。

A 三方を壁に囲まれた棚では風通しが確保できず、蒸れてしまいます。生育期なら明るい日陰で風通しのよい場所に移動しましょう。表土が乾いてからたっぷり水やりします。冬は暖かい室内で、空気の流れがある場所に置きます。

丈夫で育てやすく初心者におすすめのつる性植物

ヘデラ

- ● 栽培　/////
- ● 日陰　/////
- ● 寒さ　/////
- ● 暑さ　/////

ヘデラ・ヘリックス

樹形くずれ

栽培のコツ

置き場 生育が旺盛で日陰に強いが、室内の暗い場所に長く置いたままにすると、茎が伸びすぎて葉つきが悪くなる。室内の明るい場所に置くようにする。品種によっては冬でも屋外に置けるが、直射日光は避ける。

水やり 乾きやすい夏は表土が乾いたら与える。それ以外の季節は、根鉢が乾いたら与える。

肥料 春～秋に規定量より薄めの液肥を2週間に1回程度与える。

作業 つるが伸びやすいので、全体のバランスが悪くなってきたら適宜つるを切り取り、全体の形を整える。春と秋なら切った茎を挿し木できる。

病害虫 春～秋はカイガラムシやハダニの発生に注意する。カイガラムシは風通しが悪いと発生しやすいので、株が混み合ってきたら剪定する。

カレンダー

	1月	2月	3月	4月	5月	6月	7月	8月	9月	10月	11月	12月
置き場	日当たりのよい室内											
水やり	根鉢が乾いたら						表土が乾いたら		根鉢が乾いたら			
肥料				薄めの液肥								
作業				植え替え、剪定、挿し木								
病害虫				カイガラムシ、ハダニ								

特徴

アイビーとも呼ばれ、非常に多くの園芸品種がつくられています。丈夫で育てやすく、暖地なら屋外でも冬越しができる品種があります。樹液でかぶれることがあり、ペットが葉や茎を大量に食べてしまうと中毒を起こすことがあるので注意しましょう。

ヘデラ・ヘリックス
'白雪姫'

新芽の葉は黄白色で、やがて緑色部分が散り斑のように入る。やわらかい雰囲気の品種。

ヘデラ・ヘリックス
'イエローリップル'

葉先がとがった星形の緑葉に黄色の斑が入る。明るい葉色が楽しめ、寄せ植えにもおすすめ。

剪定&水挿し

ヘデラはつるがどんどん伸びていきます。長くなりすぎたものは剪定で整えましょう。剪定でカットした枝は水挿しで増やせます。

1 つるの一部が長く伸び下葉が落ちてしまったヘデラは、切り戻すことで葉も増える。

2 理想の草姿を想定し、つるの長さを決めて切る。切るときは、葉の少し上で切る。

3 器に入る部分は葉を取り除く。枝の切り口は斜めにカットしておくと発根しやすい。

4 茎を水に挿す。しばらくは小さなグリーンとして楽しめる。発根したら土に植えつけてもよい。

Q 水やりは毎日しているのですが、葉がパリパリに乾燥しています。

A 毎日水やりをしているようだと、根腐れが考えられます。根腐れしていると根が土内の水を吸収せずに、葉に水分が行きわたりません。水やりは根鉢が乾いてからたっぷり与えましょう。根腐れした株は、鉢から抜いて腐った根を取り除き、新しい土に植え替えます。株に力が残っていれば再生してきます。

肉厚でつやのある葉がこんもりと育つ

ペペロミア

- ● 栽培 🌿🌿🌿🌿🌿
- ● 日陰 🌿🌿🌿🌿🌿
- ● 寒さ 🌿🌿🌿🌿🌿
- ● 暑さ 🌿🌿🌿🌿🌿

ペペロミア・サンデルシー

根傷み

栽培のコツ

置き場 一年を通して、レースのカーテン越しに光が入るような明るい日陰がよい。室内の暗い場所では茎が細く伸びて、締まりのない形になる。

水やり 一年を通して根鉢が乾いたら与える。ただし、冬はもう少し乾燥気味でもよいので、根鉢が乾いて2〜3日後に与えるとよい。

肥料 春〜秋に緩効性固形肥料を2か月に1回、または液肥を2週間に1回程度を目安に与える。

作業 地際に葉が密集するタイプは株の内部が蒸れたり下葉が枯れたりしやすいので、植え替えのときに下葉を切り取り、わき芽も取り除く。取り除いたわき芽は、新しい土に植えて株分けできる。

病害虫 カイガラムシ、ハダニに注意。乾燥するとハダニが発生しやすい。

カレンダー

	1月	2月	3月	4月	5月	6月	7月	8月	9月	10月	11月	12月
置き場	レースのカーテン越しの室内（明るい日陰）											
水やり	根鉢が乾燥後、数日待つ		根鉢が乾いたら								根鉢が乾燥後、数日待つ	
肥料				置肥または液肥								
作業					植え替え、株分け、葉挿し							
病害虫	カイガラムシ、ハダニ											

特徴

熱帯・亜熱帯に1,000種以上あります。大きく育つものでも高さ30cm程度で、観葉植物としては小型の種が多く流通しています。茎や葉が多肉質で水を与えすぎると腐りやすくなります。葉が密集する種は、夏に葉を間引いて蒸れないように管理しましょう。

ペペロミア 'フォレット'
茎が横に這うように伸びるので吊り鉢に向く。葉は楕円形で3本の白い縞が入る。

ペペロミア '真亜子'
茎はつる性で枝垂れる。楕円形の葉に黄緑色の斑が入り美しい。

葉挿し

ペペロミアは、大きめの葉の種類なら葉挿しで増やすことができます。5〜6月ごろが最適です。

1 メネデールなどの発根促進剤を混ぜた水を霧吹きに用意し、挿し木用の土にかけて土を湿らせておく。

2 葉の下の茎を2〜3cm残して切り取り、土に挿す。張りのある元気な葉を選ぶとよい。

3 1か月ほどで発根するまで葉は動かさず、涼しい場所に置く。土が乾いたら霧吹きで湿らせる。発根し2〜3か月経ったら鉢に植えつける。

Q

葉に元気がなく、茎が黒ずんできました。

A 根傷みや根腐れの可能性があります。ペペロミアは根が傷みやすく、土が乾ききらないうちに水を与えていると根腐れを起こすことがあります。明るく風通しのよい場所に移動させ、水やりは根鉢が乾いてから3〜4日待って行いましょう。

177

つやつやした大きな葉がトロピカル

ポトス

● 栽培	🌱🌱🌱🌱🌱
● 日陰	🌱🌱🌱🌱🌱
● 寒さ	🌱🌱🌱🌱🌱
● 暑さ	🌱🌱🌱🌱🌱

ポトス'ゴールデン'

栽培のコツ

置き場 耐陰性はあるが、暗い日陰に長く置いておくと、葉の色が悪くなり、斑入りの品種は鮮やかな斑が出ないこともある。一年を通して、レースのカーテン越しの明るい日陰に置くのが最適。

水やり 乾燥には比較的強いので、一年を通して根鉢が乾いてから与える。

肥料 春〜秋の生育期は、緩効性固形肥料を2か月に1回、または薄めの液肥を10日に1回程度施す。

作業 生育旺盛でよく育つので、1〜2年に1回は植え替える。コンパクトに管理したい場合は、鉢がいっぱいになったら株分けしたり、こまめに茎を剪定したりする。剪定で切った茎は挿し木できる。

病害虫 四季を問わずカイガラムシやハダニに注意する。

🌱 葉焼け

🌱 樹形くずれ

カレンダー

	1月	2月	3月	4月	5月	6月	7月	8月	9月	10月	11月	12月
置き場	レースのカーテン越しの室内(明るい日陰)											
水やり	根鉢が乾いたら											
肥料				置肥または薄めの液肥								
作業					植え替え、株分け、剪定							
病害虫	カイガラムシ、ハダニ											

特徴

　熱帯原産で、育てやすく初心者向きの観葉植物です。茎はつる性で、つるがほかのものに絡んで上に伸びると葉が大きくなり、垂れ下がると葉は小さくなります。根や茎、葉にシュウ酸カルシウムを含み、誤食すると中毒を起こすことがあるので注意しましょう。

ポトス‘エンジョイ’

葉に白い斑の入る人気品種。小葉なのでコンパクトに育つ。

ポトス‘テルノカーニバル’

黄緑色の葉に濃い緑の斑が入る。丈夫でよく育つ。

株分け

育てやすいポトスを株分けで増やしてみましょう。吊り鉢、スタンド、棚の上などいろいろなところで楽しめます。

1 鉢から抜き取った株は、株の分かれ目を探しながらていねいに分ける。

2 なるべく根が傷つかないよう分け、古い土を3分の1程度落とす。

3 鉢底網と鉢底石を敷き、新しい土を入れた鉢に分けた株をそれぞれ植えつける。鉢底から流れ出るまでたっぷり水を与える。

Q 斑入り種の斑が消えました。

A 斑入り種でもときどき斑のない葉が出ることがあります。斑なし葉は生育が旺盛でよく増えるので、見つけたら早めに切り取ります。また、暗い場所にあった株も斑の抜けることがあります。斑入り葉を使って挿し木をすると、斑入り株を再生できる場合があります。

オリヅルラン

キジカクシ科オリヅルラン属。ポトスとは異なる種だが、育て方はポトスと同様でよい。生育旺盛で、ランナーに子株をつけよく増える。

肉厚でつやのある葉といい香りを放つ花が魅力

ホヤ

● 栽培	🌰🌰🌰
● 日陰	🌰🌰🌰🌰
● 寒さ	🌰🌰🌰
● 暑さ	🌰🌰🌰🌰

ホヤ・カウダータ

根傷み

栽培のコツ

置き場 暗すぎる場所に置くと花つきが悪くなるため、一年を通してレースのカーテン越しが最適。比較的寒さに弱いので、冬は室内でも暖かい場所に置くようにする。

水やり 春〜秋の生育期は、根鉢が乾いたら与える。冬はもう少し乾燥気味でもよいので、根鉢が乾いてから数日待って与えるとよい。空気が乾燥しているときは葉水を与える。

肥料 春〜秋の生育期は、固形肥料を2か月に1回、または薄めの液肥を10日に1回程度施す。

作業 花は一度咲いた茎の先につくので、花をつけた茎は切らずに誘引する。植え替えは2〜3年に1回を目安に行う。

病害虫 春〜秋はカイガラムシやアブラムシの発生に注意する。アブラムシがつくと葉がべたつく。

カレンダー

	1月	2月	3月	4月	5月	6月	7月	8月	9月	10月	11月	12月
置き場	レースのカーテン越しの室内（明るい日陰）											
水やり	根鉢が乾燥後、数日待つ		根鉢が乾いたら								根鉢が乾燥後、数日待つ	
肥料					置肥または薄めの液肥							
作業				植え替え、株分け、挿し木								
病害虫				カイガラムシ、アブラムシ								

特徴

サクラランとも呼ばれ、昔から人気の植物です。つる性で、支柱を立てたり吊り鉢で観賞したりしますが、つるが徒長して節間が間伸びすると花つきが悪くなります。花（⇨P188）を楽しみたいときは、ときどきつるの先端を摘み取るとよいでしょう。

ホヤ・カルノーサ

ホヤの中でも育てやすい種で、普通は葉に斑が入るが、斑がないものもある。

ホヤ・シギラティス

葉は肉厚でスタイリッシュな細め楕円形、葉の表には白い模様が入る。

Q ハンギングで育てていますが、なかなか花が咲きません。

A ホヤは株がしっかり充実し、太いつるが長く伸びてこないと花が咲きません。個体差がありますが、ときには開花までに3～4年程度かかることもあります。レース越しの光が当たる明るい場所に置き、太いつるは切らずに管理しましょう。生育期に肥料を施す場合は、花芽の形成を手助けしてくれるリン酸分が多めの肥料を与えるとよいでしょう。

肥料の割合は「N-P-K＝5-10-5」などと表示されているので、花を期待するならP（リン酸）の割合が大きいものを選ぶとよい。

Q 去年は花が咲いたのですが、今年は咲きません。剪定したからでしょか?

A ホヤは一度花が咲くと、その後も同じ場所で花を咲かせます。そのため、その部分を切り落としてしまうと、ふたたび花芽をつけるまでに時間が必要です。剪定するときは、花が咲いた位置よりも先のつるを切るようにしましょう。剪定していなくても根詰まりなどを起こしていると、株全体が弱り花がつきにくくなります。鉢がいっぱいになった株は生育期に植え替えましょう。

一度花がつくと、毎年同じ位置に花を咲かせる。剪定するときは、その位置よりも先のほうを切る。

Monstera

深い切れ込みのある巨大な葉が個性的で人気

モンステラ

● 栽培	🌰🌰🌰🌰🌰
● 日陰	🌰🌰🌰🌰🌰
● 寒さ	🌰🌰🌰🌰🌰
● 暑さ	🌰🌰🌰🌰🌰

モンステラ・デリシオーサ

樹形くずれ

栽培のコツ

置き場 一年を通して、レースのカーテン越しなどの明るい室内に置く。暗い場所に置いたままにすると株が軟弱になる。夏は屋外に出してもよいが、直射日光は避ける。

水やり 春〜秋の生育期は、根鉢が乾いたら与える。冬は少し乾燥気味でよいので、根鉢が乾いてから数日待つ。

肥料 春〜秋に、緩効性の固形肥料を1か月に1回、または液肥を2週間に1回程度。冬は必要ないが、暖かい部屋に置いて新芽が出た株には与える。

作業 葉が倒れやすいので、横に広がった古い葉を剪定しながら育てる。2年に1回は、ひと回り大きい鉢に植え替えるか、株分けする。

病害虫 年間を通しカイガラムシ、ハダニに注意する。葉水を与えたり湿った布で葉を拭いたりして乾燥を防ぐ。

カレンダー

	1月	2月	3月	4月	5月	6月	7月	8月	9月	10月	11月	12月
置き場	レースのカーテン越しの室内(明るい日陰)											
水やり	根鉢が乾燥後、数日待つ			根鉢が乾いたら							根鉢が乾燥後、数日待つ	
肥料				置肥または液肥								
作業					植え替え、株分け、剪定							
病害虫	カイガラムシ、ハダニ											

特徴

熱帯アメリカ原産の半つる性植物で、気根を出しながら生長します。葉には大きな切れ込みがあり、成熟すると葉脈の間に穴が空き窓のようになるのが特徴ですが、小型の種では穴が出ないものもあります。日陰に強く、5℃程度の温度があれば越冬できます。株全体にシュウ酸カルシウムを含み、誤食すると中毒を起こすことがあるので注意しましょう。

モンステラ・デリシオーサ 'コンパクタ'
デリシオーサの小型の園芸品種で生長がゆるやか。葉は若いうちから穴が空いている。

ヒメモンステラ
正式名は「ラフィドフォラ'テトラスペルマ'」で、モンステラとは別属。葉の切れ込みが非対称。

モンステラ 'ジェイドウィング'
葉の表面は葉脈に沿って立体的に盛り上がり、生長すると深い切れ込みができる。葉も密につく。

マドカズラ
茎はつる性。葉の大きさは20〜30cmで、生長につれて穴が空く。デリシオーサと比べて葉の厚みが薄い。

支柱立て モンステラは葉が大きくなると、重みで広がります。
気になるようなら支柱を立てて整えましょう。

Before ▶ ▶ ▶ ▶ After

準備

葉が横に広がってしまった株は、支柱を立てて枝を支えることでコンパクトにできる。

6号鉢のモンステラに約60cmの長さの支柱を2本。支柱に結びつける資材はビニタイ（ワイヤーを通した結束ひも）が扱いやすい。

1 根を傷つけないよう気をつけながら支柱を土に挿し、まっすぐに立てる。

2 倒れている茎を支柱に沿わせ、茎と支柱の間に若干のすき間をつくってビニタイで結ぶ。結び目は支柱側につくり、余分な部分をハサミで切る。切り残しは支柱から飛び出さないよう折り曲げて処理する。

さらに

生育が旺盛なので、よりコンパクトにしておきたいときは葉を切り取って減らす。葉を切るときは、茎にある膨らみの上で切るとよい。

モンステラは生長スピードが早いので、1〜2年に1回は全体の姿形バランスを見直すとよい。

挿し木&茎伏せ

大きくなってバランスが悪くなってきたものは、挿し木や茎伏せで株を更新させましょう。

2 発根促進剤（メネデールなど）を入れた水に、根側の切り口を1〜2時間つけておく。

3 いちばん上の部分は挿し木する。若い葉を1枚残して挿し木用の土に挿す。

1 消毒したナイフやハサミで、幹の節を2〜3節ずつつけて切り分ける。長すぎる気根は切っておく。元の株は、明るい日陰で通常通り管理する。

4 茎はたっぷりと湿らせた水ゴケに寝かせ茎伏せする。切り口の半分ほどを水ゴケに埋める。

5 明るい日陰で、土や水ゴケが乾燥しないように管理し、新芽が出てきたら観葉植物用の土に植える。

Q モンステラの気根は
切ってもいいのでしょうか？

A 気根は空気中の水分や酸素を取り入れ、株を支える役割があります。太い気根はモンステラの魅力のひとつでもあるので、邪魔でなければそのままにしておくのがおすすめです。切るときは、途中で切るとそこからまた伸びてくるので、根本から切り落とします。

根元から切り落とした跡もある、
モンステラの気根。

小型から大型まで細く分かれた葉がトロピカル

ヤシ

- 栽培 🌰🌰🌰🌰🌰
- 日陰 🌰🌰🌰🌰🌰
- 寒さ 🌰🌰🌰🌰🌰
- 暑さ 🌰🌰🌰🌰🌰

ヒメヤシ

葉枯れ

栽培のコツ

置き場 一年を通して、レースのカーテン越しなどの明るい日陰に置く。直射日光には当たらないようにする。

水やり 春〜秋は表土が乾いたら与える。冬はやや乾かし気味にするので、根鉢が乾いて数日待ってから与える。空気が乾燥するときは葉水を与える。

肥料 春〜秋の生育期に緩効性の固形肥料を2か月に1回程度与える。

作業 光と水が十分あるのに葉が枯れてきたら根詰まりしている可能性があるので、ひと回り大きい鉢に植え替える。大きくしたくないときは、外葉を3割程度切り取り、根鉢も下を少し切り落として新しい土に植え替える。

病害虫 葉の裏や葉柄のつけ根にカイガラムシやハダニはつきやすい。アブラムシは新芽につきやすい。

カレンダー

	1月	2月	3月	4月	5月	6月	7月	8月	9月	10月	11月	12月
置き場	レースのカーテン越しの室内 (明るい日陰)											
水やり	根鉢が乾燥後、数日待つ		表土が乾いたら								根鉢が乾燥後、数日待つ	
肥料					置肥							
作業					植え替え、株分け、挿し木							
病害虫				カイガラムシ、ハダニ、アブラムシ								

186

特徴

　熱帯・亜熱帯を中心に非常に多くの種があります。そのうち比較的寒さに強く、草丈も大きくなりすぎない種類が観葉植物として利用されています。通年、水を切らしすぎないように管理するのがポイントです。葉水で空気中の湿度を保つようにします。

ケンチャヤシ

生育はゆっくりだが、大鉢になると葉が噴水状に垂れ広がる。トロピカルな雰囲気が人気。

トックリヤシ

幹の元の部分がぷっくりと膨らんだユニークな形。ボトルパームとも呼ばれる。

葉枯れ

枯れやすい葉先はカットして美しく整えましょう。

1 乾燥や寒さで枯れる。冬は暖かい場所で葉水を与えて管理を。

2 枯れた部分は斜めにカット。枯れ込みが激しい場合は、根詰まりや根腐れの可能性があるので、暖かい時期に植え替える。

Q

トックリヤシの葉が枯れて幹についた皮が残りました。そのままでいいでしょうか?

A そのままでも生育には影響ありませんが、乾燥した室内では害虫が隠れる温床になることがあります。皮が乾燥してきたらむいておくほうが賢明です。手でむくこともできますが、ハサミやナイフを使うときは幹を傷つけないように注意します。

Before ▶ ▶ ▶ ▶ **After**

乾燥した皮をむくと幹に皮の跡が残るが、それもトックリヤシの魅力のひとつとなる。

観葉植物も花が咲くの？

観葉植物では、長く育てていても花が咲かないことがあります。アジアンタムやアスプレニウムなどのシダ類はもともと花をつけませんが、一般的な観葉植物は花を咲かせ、実をつけることができます。

どうして花が咲かないのでしょう。その理由はいくつか考えられますが、ひとつには花をつけるほど十分に栄養を蓄えられないことがあげられます。観葉植物は熱帯・亜熱帯地域で繁殖した種類が多く、室内では温度や湿度を最適にしていても、花が咲くほど栄養を蓄えることができないことが多いのです。なかにはアンスリウムのように、生育旺盛で鉢植えでも株が充実して花をつけやすい種類もあります。花を楽しみたいならば、そうした種類を選ぶとよいでしょう。

シェフレラは小さな花が群がって咲くが、花びらは小さくて目立たず、開花とともに落ちてしまう。

アンスリウムの赤やピンクに色づいて花びらのように見えているのは、葉が変形したもので苞葉と呼ばれる。花は小さくて棒状に伸びた部分に集まってつく。

モンステラは株が成熟すると、葉は長さ、幅ともに1mを超えるようになり花を咲かせる。クリーム色のフードのように見えるのが苞葉で、花は小さくて棒状の花序に集まって咲く。

小さな花を半円状につけるホヤ・カルノーサ。ホヤの花は香りを楽しめるものも多い。

花が咲かないもうひとつの理由として、鉢植えには葉挿しや挿し木で増やした幼植物が多く、それらは花が咲くほど成熟していないということも知っておきましょう。

また、観葉植物の中にはヘデラやペペロミアのように花が小さくて目立たないため、咲いていても気づいてもらえないものも多くあります。花を観賞したいときは、ホヤやエスキナンサスなど、目立つ花が咲きやすい種類を選ぶのもひとつの方法です。

一般に植物は花を咲かせて実をつけると養分を消費してしまうため株が弱り、ときには枯れることがあります。枯れた花はカビなどの病気の原因になりやすいので、花が咲いた後は早めに摘み取って、実がつかないように管理するとよいでしょう。

第4章

観葉植物と一緒に楽しむ
多肉植物

観葉植物と同じように室内栽培ができるのが多肉植物です。
多肉植物とはどんなものか、どう育てるのか。
基本的な育て方や管理のポイントと
観葉植物と相性のいい多肉植物の種類を紹介します。

多肉植物ってどんな植物?

同じインテリアグリーンでも多肉植物の管理方法は観葉植物とは少し違います。
多肉植物の特徴とうまく育てるポイントを確認してみましょう。

多肉植物って?

厚みのある葉、ぷっくり膨らんだ茎や根など個性的な姿形が多い多肉植物。体の中に水分をたっぷり蓄えています。

水分が多いぶん、すぐに枯れてしまうということがありません。育てやすく手間のかからない種類も多いので、グリーン初心者にもおすすめです。

自生地はどんなところ?

砂漠や海岸の岩場など乾燥した場所に生息しています。過酷な環境を生きるため体に水分を蓄えるようになりました。アフリカの中央・南部・東部地域、マダガスカル、アラビア半島、メキシコなどを中心に、世界各地で自生しています。日本原産のものもあります。

管理のコツは?

うまく育てるポイントは、自生地の環境を考慮した生育型を知ることです。多肉植物は自生地によって、「春秋型」「夏型」「冬型」の3つのタイプに分類され、タイプによって季節ごとの管理が異なります。自分が育てたいものがどのタイプかを知り、それに合わせて管理しましょう。

乾燥地域に自生する植物ですが、水やりは必要です。水やりをするときは、根鉢が完全に乾いてから、たっぷり与えます。どのタイプも風通しのよい場所に置くのが基本です。

春秋型

10〜25℃程度が生育の活発になる適温で、日本では春や秋が生育期です。夏は暑さで生育がゆるやかになり、冬は休眠します。一年を通して、日の当たる場所が最適ですが、夏の日差しは強すぎるので遮光が必要です。水やりは根鉢が乾いてからたっぷり与え、夏や冬はごく控えめにします。

置き場

春…日当たりと風通しのよい場所。屋外可。

夏…直射日光を避け、半日陰の風の通る場所に置く。雨には当たらないようにする。

秋…日当たりと風通しのよい場所。屋外可。

冬…日当たりのよい室内に置く。気温は最低でも5〜8℃を保てるとよい。暖房機器の温風には当てないようにする。

水やり

春…根鉢が乾いたらたっぷり与える。

夏…6月下旬ごろから、乾いた後も数日待つなど少しずつ控えめにしていく。7〜8月は水やりを控えて1〜2週間に1回ほど葉水をやるが、日中高温になる室内は、葉に残った水が太陽の照り返しで葉焼けすることがあるので注意。

秋…9月中旬ごろから、根鉢が乾いたらたっぷり与える。11月に入り朝晩の気温が下がり始めたら、乾いた後も数日待つなど少しずつ控えめにする。

冬…12月ごろから水やりを控え、1〜2週間に1回程度、葉水を与える。3月ごろから少しずつ水やりを開始する。

【 生育サイクル 】

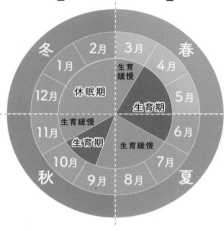

冬 2月 3月 春
1月 生育緩慢 4月
休眠期 5月
12月 生育期
生育緩慢 6月
11月 生育緩慢
生育期 7月
10月 9月 8月
秋 夏

春秋型の多肉植物

エケベリア

花のような姿が愛らしく寄せ植え素材としても人気。

クラッスラの一部

生育が旺盛で、秋になると紅葉するタイプも多い。

ハオルチア

透明感のある三角錐状の葉が、密になる姿が個性的。

191

型

　20〜35℃程度が生育の活発になる適
温で、日本ではおもに夏が生育期です。春
と秋は生育がゆるやかになり、冬は休眠期
で活動を停止します。強い日差しを好むも
のが多いですが、夏型でも暑すぎると生育
が悪くなるものがあるので、様子を見なが
ら遮光などをしましょう。

【 生育サイクル 】

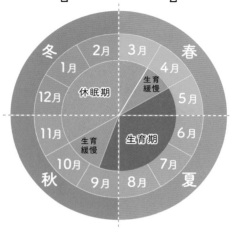

置き場 ・・・・・・・・・・・・・・・・・

春…暖かい日が続く4月になったら、室内か
　　ら屋外へ。少しずつ場所を変えて、徐々
　　に強い日差しに慣らしていく。
夏…5〜9月ごろまでは日当たりと風通しの
　　よい場所に。梅雨時は長雨に当てない。
　　クラッスラや小型のアロエは、真夏の
　　直射日光は避けて半日陰に。
秋…9月中旬ごろから、直射日光を避けていた
　　ものも日当たりのよい場所に移動し、11
　　月には屋外のものを室内へ移動させる。
冬…日当たりがよく風通しのよい室内に置く。
　　気温は最低でも5〜8℃を保てるとよい。
　　暖房機器の温風には当てないようにする。

水やり ・・・・・・・・・・・・・・・・・

春…4月に入ったら少しずつ水やりを開始する。
　　根鉢が乾いた後数日待って与える。
夏…5〜9月は根鉢が乾いたら与える。
秋…9月下旬〜10月は水やりの回数を減ら
　　す。根鉢が乾いた後数日待って与える。
冬…11〜3月ごろまで水やりをやめるが、
　　環境により葉の動きがあれば、株元が
　　やや湿る程度に少量与える。

＼ 夏型の多肉植物 ／

アガベの多く

葉の縁にトゲをもつ
シャープな姿が人
気。春型もある。

アロエ

肉厚で細長い葉を
もつものが多い。
丈夫で育てやすい。

サボテン

サボテン科植物の
総称。種類が多く
フォルムもさまざま。

冬型

5〜20℃程度が生育の活発になる適温で、おもに冬が生育期です。春と秋は生育がゆるやかで、夏は休眠します。ほかのタイプより寒さに強いですが寒すぎるのは苦手なので、冬の雨、霜、北風には当てないようにしましょう。高温多湿も苦手で、冬でも室内が高温多湿の状態だと生育を止めてしまうこともあります。

〔 置き場 〕

春…5月に入ったら、室内から屋外へ。少しずつ場所を変えて徐々に日差しに慣らす。

夏…直射日光を避け、半日陰の風の通る場所に置く。雨には当たらないようにする。

秋…9月中旬〜10月ごろには、少しずつ場所を変えて、徐々に屋外から室内へ。

冬…11〜4月ごろまでは、日当たりよく風通しのよい室内に置く。暖房などで室内が高温多湿になりすぎないよう注意する。

〔 水やり 〕

春…5月ごろから根鉢が乾いた後も数日待って、少しずつ回数を減らす。

夏…6〜9月中旬ごろまで水やりをやめるが、葉の動きがあるようなら株元がやや湿る程度に少量与える。

秋…9月中旬ごろから、少しずつ水やりを開始する。根鉢が乾いて数日経ってから、たっぷり与える

冬…生育期は、根鉢が完全に乾いたらたっぷり与える。気温の低い朝晩を避け、日中の暖かい時間帯に行う。

〔 生育サイクル 〕

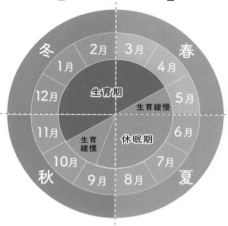

冬　2月　3月　春
1月　　　4月
12月　生育期　5月
　　　　生育緩慢
11月　　　6月
　生育　休眠期
　緩慢
10月　　　7月
秋　9月　8月　夏

冬型の多肉植物

アエオニウム

茎立ちした先に花のような葉をつけるタイプが多い。

セネシオの一部

葉のほかに茎が多肉化する種類も。春秋型・夏型もある。

メセン類

独特の姿は対になる葉が癒着したもの。脱皮で増える。

多肉植物の基本の植え替え

ベンケイソウ科など生育の旺盛な種類は1〜2年に1回、
生育がゆっくりな種類は2〜4年に1回植え替えるとよいでしょう。

アロエの植え替え

数年植え替えずに鉢土も減ってしまったアロエを
植え替えでリフレッシュさせます。

用意するもの

- **植え替え用の鉢**（元の鉢よりひと回り大きなサイズ）
- **鉢底網**（鉢穴が隠れる大きさにカットしておく）
- **鉢底石**（軽石など）
- **多肉植物の専用土**（肥料入りでない場合は元肥を混ぜ込んでおく）
- **わりばしなどの細い棒**

1 植え替え用の鉢に鉢底網を敷き、底が隠れる程度に鉢底石を入れる。

2 鉢の中に専用土を入れる。鉢の高さの3分の1程度が目安。

3 古い鉢から抜いたアロエは根鉢を指でくずしながら、古い土を半分ほど落としておく。

4 新しい鉢にアロエを置き、高さを調節しながら専用土を入れる。

5 細い棒で土を突いて、根のすき間にも土を流し込む。ウォータースペースまで土を加える。

6 両手の指で土をしっかり押して、株を固定する。

7 鉢の縁を持ち、トントンと鉢で地面を軽く叩いて、土を落ち着かせる。

8 気になるなら枯れた下葉を取る。そのままでも問題ない。

9 風通しのよい、明るい日陰に置き、1週間後くらいから水やりを始める。

Aeonium　　　　　　　　　　　　　　　　　　ベンケイソウ科 アエオニウム属

ヘラ型の葉を花びら状に並べた冬型の代表種

アエオニウム

冬型

- ● 栽培　〇〇〇〇〇
- ● 日陰　〇〇〇〇〇
- ● 寒さ　〇〇〇〇〇
- ● 暑さ　〇〇〇〇〇

黒法師

樹形くずれ

栽培のコツ

置き場 風通しがよく、日当たりのよい明るい場所が最適。屋外でもよい。気温が25℃を超えるようなら日陰に移動させる。冬でも5℃以上を保っておくと丈夫に育つ。

水やり 冬の生育期は、表土が乾いたら与える。夏は根鉢が完全に乾いたら株元に少量の水を与え、乾燥が激しければ葉水を与える。生育期と休眠期の間は徐々に水やりを増減する。

肥料 生育期は緩効性固形肥料を2か月に1回、液肥なら規定量よりも薄めのものを2週間に1回程度施す。

作業 植え替えは2〜3年に1回、生育期に行う。子株ができていたら、親株から切り取り植えつけてもよい。長く伸びた茎を切り挿し木もできる。

病害虫 乾燥した場所では、カイガラムシが発生しやすい。

カレンダー

	1月	2月	3月	4月	5月	6月	7月	8月	9月	10月	11月	12月
置き場	日当たりのよい明るい場所					風通しのよい日陰				日当たりのよい明るい場所		
水やり	表土が乾いたら			少しずつ減らす		控えめ(必要に応じて葉水)			少しずつ増やす		表土が乾いたら	
肥料	置肥または薄めの液肥									置肥または薄めの液肥		
作業	植え替え、株分け、		挿し木							植え替え、株分け、	挿し木	
病害虫	カイガラムシ											

茎立ちし、茎の先端に放射状に葉をつけます。葉色は明るい緑、赤、黒など多彩で、斑入り種もあります。屋外でよく育ちますが、極端な寒さが苦手なので真冬は室内へ。花が咲くと枯れてしまうことがあるので、葉の中心から花茎が伸びてきたら早めに切り取りましょう。

アエオニウム 'サンバースト'

葉はピンク色で縁取られ、緑の葉に白〜黄色の斑が入る。葉の縁は細かいノコギリ状のギザギザになっている。

アエオニウム 'レモネード'

淡い緑色の葉で、放射状につけた葉が球状に群生する。光が不足すると、葉が細長く間伸びし姿が乱れる。

仕立て直し

傾いてしまった株をまっすぐに仕立て直しましょう。

1 アエオニウムは葉が増え、片側にしか光が当たらない環境だと全体が傾きがちになる。

2 ポットと根鉢の間に手を入れ、根鉢をくずさないようにまっすぐに立て引き上げる。

3 手でつかんで株元を固定しながら、株全体がまっすぐになるように傾きを調整する。

4 まっすぐにしたら、土を押して固定し、必要なら新しい土を足す。全体に光が当たるように、ときどき株を回転させて管理する。

Q

黒法師の葉が緑色になってきました。

A 冬の生育期に多くみられる現象です。黒法師は休眠中に株内の水分量が減ると、細胞内に赤色の色素が発生しやすくなり、光を当てると緑色の色素と混ざって葉が黒くなります。冬の生育期は水分量が増え光も弱くなるため、緑色に変わることも。冬にしっかり日に当てれば、休眠期にまた色が変わってきます。

生長はゆっくりだが、丈夫で管理しやすい

アガベ

- ● 栽培　🌱🌱🌱🌱🌱
- ● 日陰　🌱🌱🌱🌱🌱
- ● 寒さ　🌱🌱🌱🌱🌱
- ● 暑さ　🌱🌱🌱🌱🌱

王妃雷神錦（夏型）

葉焼け

栽培のコツ
※生育型は品種により異なる。

置き場 夏型・春秋型とも、夏は屋外なら風通しのよい明るい日陰、春や秋は日当たりのよい場所で、長雨に当てない。屋内なら明るく風通しのよい場所に。冬は室内で5℃以上を保つ。

水やり 夏型・春秋型とも、春と秋は根鉢が乾いたら、冬は根鉢が完全に乾いたら株元に少量与える。夏型の夏は根鉢が乾いたら、涼しい時間帯に与える。春秋型の夏は控えめに。

肥料 夏型・春秋型ともそれぞれの生育期に、緩効性固形肥料を2か月に1回、または液肥を2週間に1回程度与える。

作業 植え替えや株分けは、それぞれ生育期に行うが、4〜5月ごろなら夏型・春秋型とも適期。

病害虫 春〜秋はカイガラムシやハダニが発生しやすい。

カレンダー ※夏型種の場合

	1月	2月	3月	4月	5月	6月	7月	8月	9月	10月	11月	12月
置き場	日当たりのよい室内	日当たりのよい場所				明るい日陰			日当たりのよい場所		日当たりのよい室内	
水やり	水やりは控えめ			少しずつ増やす		根鉢が乾いたら			少しずつ減らす		水やりは控えめ	
肥料				置肥または液肥								
作業				植え替え、株分け								
病害虫				カイガラムシ、ハダニ								

特徴

北米から中南米の乾燥地域に生育する植物で300種以上あります。肉厚の葉がロゼット状につくのが特徴で、葉はかたく先端が鋭いトゲ状になっています。観賞用で流通しているのは幼苗期のものですが、先端のトゲはかたいので、誤ってふれないよう注意しましょう。

アガベ・アテナータ

夏型。葉はやわらかくブルー系。幹立ちする品種で、大株は迫力がある。

アガベ・ヴィクトリア・レジーナ

夏型。別名「笹の雪」。白斑入りの葉で、大きくなると球体になる。

Q 下葉が枯れてしまいました。トラブルでしょうか?

A 新陳代謝で下葉が枯れてきたものと思われます。新芽が出ていれば古くなった葉は自然と枯れるので問題ありません。品種によっては、枯れた下葉をそのまま残す姿も人気があります。気になるなら取ってもかまいません。手で取る場合は、革製のグローブをすると安心です。アガベは鋭いトゲをもつ種類が多いので気をつけましょう。

小さな株ならピンセットで取るとよい。

Q ヴィクトリア・レジーナの葉が変色してきて弱ったように見えます。

A 寒さや暑さによる葉焼けの可能性があります。ヴィクトリア・レジーナは暑さにも寒さにも比較的強い性質ですが、真夏の直射日光や冬の霜に当たると葉焼けを起こします。季節によって置き場所を変え、夏は明るい日陰に、冬は室内で管理しましょう。変色した葉は元に戻りません。完全に茶色になった葉は取り除きましょう。

シャープな葉は部分的に紅葉するものもある

アロエ

夏型

- 栽培 🌿🌿🌿🌿🌿
- 日陰 🌿🌿🌿🌿🌿
- 寒さ 🌿🌿🌿🌿🌿
- 暑さ 🌿🌿🌿🌿🌿

アロエ・ラモシッシマ

根詰まり

栽培のコツ

置き場 強い日差しを好むものが多いので、日当たりのよい場所なら室内でも屋外でもよい。冬は暖かい地域なら屋外でもよいが、通常は日当たりのよい室内に置くのが安全。

水やり 夏は根鉢が乾いたらたっぷりと。春と秋は徐々に増減し、冬は様子を見て株元に少量与える程度に。

肥料 春〜秋に、緩効性の固形肥料を規定量より少なめに与える。肥料が多いと生育が旺盛になったり根腐れを起こしたりする。

作業 生育が旺盛なので、根詰まりしたら春〜秋に植え替えや株分けをする。茎が伸びてきたものは、挿し木で増やせる。花が咲いたら、花後に花茎を根元から切り取っておく。

病害虫 乾燥するとカイガラムシやアブラムシがつくことがある。

カレンダー

	1月	2月	3月	4月	5月	6月	7月	8月	9月	10月	11月	12月
置き場	日当たりのよい室内			風通しがよく日の当たる場所							日当たりのよい室内	
水やり	水やりは控えめ			少しずつ増やす		根鉢が乾いたら			少しずつ減らす		水やりは控えめ	
肥料				少なめの置肥								
作業			植え替え、株分け、挿し木									
病害虫				カイガラムシ、アブラムシ								

特徴

アフリカ南部の乾燥した砂漠地域に生育するものが多く、ほとんどの種が肉厚の葉をもちます。夏の暑さを避け、冬は乾かし気味に管理すると、暖地なら屋外で越冬できます。薬用植物として利用される品種もありますが、ペットには食べさせないようにしましょう。

アロエ・スプラフォリアータ

左右に広がる葉が人気。自生地の大株ほどになるとロゼット状に展開する。

アロエ'ビートル'

小さな突起とトゲで覆われた葉がロゼット状につく。ひと株はとても小さいが、群生してこんもりと育つ。

挿し木

子株をたくさん出すアロエは、子株を切り取って挿し木で増やすことができます。

1 子株を清潔なハサミで切り取る。葉の下で切ってもよいが、茎を長めに切ると挿しやすい。

2 下葉や枯れた葉は取り除き、日陰に数日置いておいて切り口を乾かす。

3 切り口を乾かした子株を多肉植物の専用土に挿す。新葉が出てきてから水やりを開始する。

Q 葉がやわらかくなり、垂れてきました。

A 水分過多や低温で葉が軟弱になると垂れることがあります。水やりの回数を見直しましょう。冬は最低でも5℃を下回らず、10℃以上を保つと安心。日照不足でも株が弱くなるので、日当たりは確保します。

花のような姿が愛らしく紅葉も楽しめる

エケベリア

春秋型

● 栽培	/////
● 日陰	/////
● 寒さ	/////
● 暑さ	/////

高砂の翁

根傷み

栽培のコツ

置き場 生育期は風通しと日当たりのよい場所に。屋内外どちらでも可。晩秋～冬はしっかり日に当てると紅葉がきれいに出る。夏は直射日光を避けて風通しがよく雨の当たらない場所に、冬は日当たりのよい室内に置く。

水やり 生育期は表土が乾いたら与える。夏と冬は根鉢が乾いてから1～2週間後など、乾かし気味に。空気が乾燥するなら月に2回程度葉水を与える。

肥料 生育期にのみ与える。少なめの緩効性固形肥料を2か月に1回、または薄めの液肥を1週間に1回程度。

作業 植え替えは2～3年に1回、生育期の直前か生育期に行う。葉挿しも成功しやすい。葉のつけ根や根元から子株が出る種は株分けで増やす。

病害虫 カイガラムシ、アブラムシ、ハダニなどの発生に注意する。

カレンダー

	1月	2月	3月	4月	5月	6月	7月	8月	9月	10月	11月	12月
置き場	日当たりのよい室内			日当たりのよい場所			明るい日陰		日当たりのよい場所		日当たりのよい室内	
水やり	乾かし気味		表土が乾いたら			乾かし気味			表土が乾いたら		乾かし気味	
肥料			少なめの置肥または薄めの液肥						少なめの置肥または薄めの液肥			
作業			植え替え、株分け、葉挿し						植え替え、株分け、葉挿し			
病害虫	カイガラムシ、アブラムシ、ハダニ											

特徴

　短く肉厚の葉がロゼット状に並んでつく姿が愛らしく、自生地では崖や岩、溶岩の上などに生育します。晩秋～春に紅葉する種が多く、霜が降りる前までは寒気にしっかり当てるときれいに色づきます。花が咲くと株が弱るので、花茎が出たら切り取るとよいでしょう。

花うらら
白粉に覆われた青緑の葉がロゼット状につく。葉先は赤く縁取られ、気温が下がると赤みが強くなる。

霜の朝
エケベリアの近種パキベリア属の植物。白粉が強く「パウダーパフ」の別名も。茎が伸びて育つが直立しにくい。

寄せ植え

エケベリアはベンケイソウ科のひとつで、多肉植物の中でも育てやすく初心者向きの種類です。クラッスラ（⇨P204）など、同じベンケイソウ科の種類と寄せ植えを楽しむのもおすすめです。

Q　多肉植物の寄せ植えのポイントは？

A　多肉植物を寄せ植えするときは、同じ生育型のものを選ぶことが重要です。生育型が異なると季節ごとの管理が変わるので、どちらかを傷めてしまうことになります。寄せ植え後は霧吹きで水やりをしますが、新芽が出てきたら通常の管理に戻します。

1 鉢底網と鉢底石を敷いた鉢に、土を入れ、植える位置を確認する。株を密着させる寄せ植えもあるが、間隔を開けたほうが長く楽しめる。

2 指で穴を開けて、株を植えつけていく。根がないものは少し埋めるように置くと安定する。

3 霧吹きで土を湿らせる。風通しのよい場所に置き、土が乾いたら霧吹きで水やりを行う。

品種により姿は多様。生育旺盛で育てやすい

クラッスラ

- 栽培　/////
- 日陰　////〇
- 寒さ　///〇〇
- 暑さ　////〇

黄金花月（夏型）

栽培のコツ

※生育型は品種により異なる。

置き場　どの生育型も屋内外どちらでも育つが、基本的には風通しのよい明るい屋外が最適。春秋型は夏の直射日光と長雨を避け、冬は室内へ。冬型は春〜秋は明るい日陰に置く。

水やり　生育期は表土が乾いたら与える。春秋型の休眠期は、根鉢の乾燥後1〜2週間待ち、月に1回程度の葉水を。夏型・冬型の休眠期は控えるが、葉に動きがあれば株元に少量与える。

肥料　肥料が多いと根腐れしやすい。生育期に緩効性の固形肥料を1回与える程度でよい。

作業　生長が早いものが多いので、1〜2年に1回は植え替えや剪定をするとよい。挿し木でもよく増える。株元から子株が出る品種は株分けも可能。

病害虫　春〜秋は、まれにカイガラムシやアブラムシが発生することもある。

根傷み　樹形くずれ

カレンダー ※春秋型種の場合

	1月	2月	3月	4月	5月	6月	7月	8月	9月	10月	11月	12月
置き場	日当たりのよい室内		日当たりのよい場所				明るい日陰		日当たりのよい場所		日当たりのよい室内	
水やり	乾かし気味			表土が乾いたら			乾かし気味		表土が乾いたら		乾かし気味	
肥料			置肥									
作業			植え替え、剪定、挿し木									
病害虫				カイガラムシ、アブラムシ								

特徴

アフリカ東部から南アフリカ原産の多肉植物で、春秋型、夏型、冬型があります。どのタイプも生育旺盛なものが多く育てやすいですが、真夏の直射日光は避けるようにします。春秋型は真夏と真冬に注意し、夏型と冬型はそれぞれの休眠期にしっかり休ませます。

クラッスラ'ゴーレム'
夏型に近い春秋型。光沢のある葉がカールして筒状になり、葉先が赤く染まる。「宇宙の木」とも呼ばれている。

星の王子
春秋型。三角形の葉が互い違いに重なって縦に伸びていく。日によく当てると葉が密に重なる。秋以降は紅葉する。

仕立て直し

鉢土が減り、葉が変色して姿形が乱れてきた部分を剪定します。

1 枯れた部分や変色した部分を切り落とし、株全体の高さをそろえる。

2 鉢から株を抜き、根鉢の土を半分ほど落とす。細い根は切れても問題ない。

3 新しい土で植えつけした後は風通しのよい場所に置き、1週間後から水やりする。

Q 紅葉すると聞きましたがあまり変化がありません。

A 紅葉には気温の寒暖差と日当たりが必要です。9月下旬ごろ気温が下がり始めたら、明るい日陰から日向に移動させ日光によく当てます。10月に入ったら肥料をやめ、黄色っぽく色づいてきたら暖かい室内に移します。

Q 「クラッスラ」の表示だけで生育型がわかりません。

A できれば品種の確認を。不明なら、まずは春秋型で管理し、夏と冬の状態を観察します。ロゼット状の葉が積み重なるのは春秋型、大型になりやすいのは夏型、白っぽい葉や産毛があるのは冬型の傾向ですが、あくまでも目安。日々の観察が大切。

大きく膨らんだ茎や幹は個性的。生育はゆるやか

コーデックス

- ●栽培　種により異なる
- ●日陰　種により異なる
- ●寒さ　種により異なる
- ●暑さ　種により異なる

パキポディウム・サウンデルシー（夏型）

水切れ

水過多

栽培のコツ
※生育型は品種により異なる。

置き場　どの生育型も日当たりのよい屋外を好む。冬は暖かい室内に。冬型は屋外なら夏の直射日光を避け、室内なら通風を確保し、よく日に当てる。

水やり　どのタイプも生育期は根鉢が乾いてからたっぷり与える。生育期と休眠期の間は徐々に増減し、休眠期でも葉がついている場合は、様子を見て株元に少量与える。冬型は休眠期に乾燥が気になるときは葉水を与える。

肥料　生育期に緩効性固形肥料は2か月に1回、薄めの液肥なら2週間に1回程度。

作業　土が古くなったり、生長して鉢のバランスが悪くなってきたら植え替えを。つる性や密集して育つ生育旺盛なものは、生育期直前に剪定する。

病害虫　カイガラムシ、ハダニ、アブラムシに注意する。

カレンダー ※夏型種の場合

	1月	2月	3月	4月	5月	6月	7月	8月	9月	10月	11月	12月
置き場	日当たりのよい室内		日当たりのよい屋外								日当たりのよい室内	
水やり	断水気味に			少しずつ増やす	根鉢が乾いたら				少しずつ減らす		断水気味に	
肥料					置肥または薄めの液肥							
作業				剪定	植え替え、株分け							
病害虫				カイガラムシ、ハダニ、アブラムシ								

特徴

塊根植物とも呼ばれ、幹や枝、根などが栄養を蓄えているかのように太く肥大します。さまざまな属の植物があり、肥大部分が大きく生長するまでに長い期間を要するものもあります。一般に水を与えすぎると腐りやすいので、根鉢がしっかり乾いてから与えます。

アフリカ亀甲竜
冬型。ひび割れの塊根が特徴。休眠期の夏は枝葉が枯れるが、寒さでも落葉することがある。

アデニア・グロボーサ
夏型。つる性の枝にはトゲがある。上部は日当たりを好むが塊根部は遮光気味で管理する。

水やり

水切れや、やりすぎで枯れることがあります。水やりのタイミングを知っておきましょう。

1 土を触って乾き具合を確認する。本来は休眠期間でも、葉をたくさんつけたままの状態なら生育中。落葉していれば休眠中。

2 塊根部を押すように触る。やわらかい場合はトラブルの対処を（⇨Q&A）。

3 生育中で土が乾いていたら、株に水がかからないようにたっぷり水を与える。

Q 塊根がやわらかくなってきました。

A 長く水やりをしていない場合は、水を与えます。水不足が原因なら1〜2日でだいぶ回復します。ダメな場合は根腐れの可能性があるので、黒く傷んだ根や古い根を取り除き植え替えます。風通しをよくし、水やりのタイミングを見直してみましょう。

207

種類が多く変化に富む姿がユニーク

サボテン

夏型

- ● 栽培　種により異なる
- ● 日陰
- ● 寒さ　種により異なる
- ● 暑さ　種により異なる

きめんかく
鬼面角

栽培のコツ

置き場 通年、風通しと日当たりのよい場所に置くが、屋外では真夏の直射日光は避ける。雨や霜には当てないよう管理する。屋外でも越冬できるものもあるが、冬は室内の日当たりのよい場所に置くのが安心。

水やり 水のやりすぎは根腐れを起こすが、生育期に控えすぎて乾燥しすぎることも。夏は根鉢が乾いたらたっぷりと与え、春と秋は徐々に増減を。冬は様子を見て株元に少量与える。

肥料 春〜秋まで、緩効性固形肥料なら2か月に1回、液肥の場合は2週間に1回程度与える。

作業 植え替えや株分けなどの作業は春〜秋の生育期に。種類によっては葉挿しや挿し木なども簡単にできる。

病害虫 カイガラムシ、アブラムシに注意する。

水切れ

カレンダー

	1月	2月	3月	4月	5月	6月	7月	8月	9月	10月	11月	12月
置き場	日当たりのよい室内			日当たりのよい場所(真夏の直射日光は避ける)							日当たりのよい室内	
水やり	水やりは控えめ			少しずつ増やす		根鉢が乾いたら			少しずつ減らす		水やりは控えめ	
肥料					置肥または液肥							
作業				植え替え、株分け、切り戻し、葉挿し、挿し木								
病害虫				カイガラムシ、アブラムシ								

特徴

北米中部から南米の乾燥地域に生育する植物です。鋭いトゲをもっていますが、なかにはトゲがないものもあります。サボテンは非常に種類が多いですが、茎が垂れ下がるように伸びるリプサリスは、観葉植物とも相性がよく、人気があります。

香花丸
（こう か まる）

白いトゲに覆われた球形の葉が群生し、黄色の花をつける。

リプサリス・ネベス・アルモンディ

茎が分岐し垂れ下がるように育つ。明るい日陰で管理を。

胴切り

サボテンは元気な部分を切って再生させます。トゲがある植物は革の手袋を使うようにしましょう。

1 サボテンを横に倒し、清潔なナイフを使って変色した部分の上で胴体を切る。

2 鉢土が減っていた元の株には新しい土を入れ、通常通り管理。切り口には水をかけない。

3 切り取った上部は風通しのよい場所に2〜3週間置いて、切り口を乾燥させる。

4 約3週間後。切り口が乾いたら清潔な土の上に置き、1週間ほど経ってから水やりをする。

Senecio

淡いグリーンのやさしい雰囲気が人気

セネシオ

- 栽培 🌿🌿🌿🌿🌿
- 日陰 🌿🌿🌿🌿🌿
- 寒さ 🌿🌿🌿🌿🌿
- 暑さ 🌿🌿🌿🌿🌿

銀月（冬型）

水過多

葉蒸れ

栽培のコツ
※生育型は品種により異なる。

置き場 過湿に弱く蒸れやすいので、風通しのよい屋外を選ぶ。どの生育型も、春と秋は日当たりのよい場所に置く。夏は遮光して明るい日陰に移動させ、冬は室内に取り込み、日当たりがよく明るい場所に置く。

水やり 生育期は、表土が乾いたらたっぷりと、休眠期は様子を見て株元に少量与える。冬型は夏の休眠期でも1〜2週間に1回程度、葉水を。

肥料 生育期に、規定量より少なめの緩効性固形肥料を2か月に1回、または薄めの液肥を1か月に1回程度。

作業 根がいっぱいになったら、生育期に植え替えや株分けをする。高温多湿で葉が蒸れて傷んできたら、傷んだ部分を切り除いて再生させる。

病害虫 アブラムシは開花期につぼみにつきやすい。カイガラムシも注意。

カレンダー ※冬型種の場合

	1月	2月	3月	4月	5月	6月	7月	8月	9月	10月	11月	12月
置き場	日当たりのよい室内			日当たりのよい場所		明るい日陰			日当たりのよい場所		日当たりのよい室内	
水やり	表土が乾いたら			少しずつ減らす	水やりは控えめ（乾燥時は葉水）				少しずつ増やす	表土が乾いたら		
肥料	少なめの置肥か薄めの液肥									少なめの置肥または薄めの液肥		
作業	植え替え、株分け、切り戻し								植え替え、株分け、切り戻し			
病害虫	アブラムシ、カイガラムシ								アブラムシ、カイガラムシ			

特徴

多肉性のセネシオは、世界の乾燥地帯に自生しています。おもに春と秋に生育し、夏に休眠するものと冬に休眠するタイプに分かれます。丈夫な植物ですが、根が細く繊細なため、植え替えのときに根を乾燥させると枯れることがあるので注意しましょう。

エンジェルティアーズ錦

春秋型。しずく型の斑入り葉が愛らしい。生育も早く挿し木もできる。蒸れに注意する。

グリーンネックレス

春秋型。球上の葉が連なり垂れ下がって伸びる。観葉植物とも相性がよく丈夫で育てやすい。

挿し木

セネシオは挿し木で増やすことができます。つる性タイプも同じ要領で行えます。

1 剪定した枝などで挿し木ができる。

2 土に挿す部分は下葉を取り除き、数日間、日陰に置いてよく乾かす。

3 多肉植物の専用土に挿す。葉を置くだけで葉挿しも可。表土が乾いたら霧吹きで水やりを。

水やり

葉が多肉性のセネシオは生育が旺盛です。葉が蒸れると根腐れを起こすので注意しましょう。

水やりは葉にかからないように行う。葉が密集している場合は、手でつると葉を持ち上げて与える。

厚い葉がシンメトリーに重なる姿が美しい

ハオルチア

春秋型

- 栽培
- 日陰
- 寒さ
- 暑さ

京の華錦

栽培のコツ

置き場 弱い光でも生育するので、一年を通してレースのカーテン越しが最適。光が強すぎると葉焼けを起こしやすい。夏は屋外に出してもよいが遮光する。雨には当たらないようにする。

水やり 生育期の春と秋は表土が乾いたら与える。それ以外は、根鉢が乾いてから数週間待つなど、乾かし気味にする。空気が乾燥しているときは、月に1～2回程度、葉水を与える。

肥料 生育期に緩効性固形肥料を2か月に1回程度、または薄めの液肥を2週間に1回程度与える。

作業 根が太い直根型なので鉢は深めのものを選ぶ。植え替えは鉢土が古くなったら行い、生育期ならいつでも可。同時に株分け、葉挿しもできる。

病害虫 春～秋にカイガラムシやアブラムシが発生しやすい。

葉焼け

カレンダー

	1月	2月	3月	4月	5月	6月	7月	8月	9月	10月	11月	12月
置き場	レースのカーテン越しの室内(明るい日陰)											
水やり	乾かし気味			表土が乾いたら			乾かし気味			表土が乾いたら		乾かし気味
肥料			置肥または薄めの液肥						置肥または薄めの液肥			
作業			植え替え、株分け、葉挿し						植え替え、株分け、葉挿し			
病害虫			カイガラムシ、アブラムシ									

特徴

ハオルチアには葉がかたく先がとがり表面に縞模様が入るものと、葉緑体のない透明な窓があるやわらかい葉のものと2つのタイプがあります。どちらも地中に太く大きな根があるので深めの鉢が適します。冬は最低5℃以上に保つと元気に生育します。

**ハオルチア・
ムクロナータ**

透明感のあるグリーンで、葉が内側にカールするようにつく。

**ハオルチア・
オブツーサ・デルシアナ**

透明感のある葉が密について、美しいロゼットを形成する。

土増し

生長の遅い種類は、同じ鉢で長く育てていると鉢土が減ってきます。植え替えの必要がなければ土増しで対応しましょう。

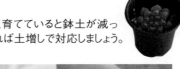

1 株を鉢から抜く。

2 株の高さを調整しながら、鉢底に新しい土を入れる。

3 元気に育っていたものなら、それまでと同じような管理で育てる。

Q

葉の透明感が
なくなってきました。

A 葉焼けや根腐れが起こると、葉に透明感がなくなったり赤や黒に変色したりします。明るい日陰で雨に当たらない場所に移しましょう。根腐れの場合は、傷んだ根や葉を取り除いて新しい土に植え替えて、水やりの回数を減らします。

小石のような葉と可愛らしい花が魅力的

メセン類

- 栽培 🌱🌱🌱🌱🌱
- 日陰 🌱🌱🌱🌱🌱
- 寒さ 🌱🌱🌱🌱🌱
- 暑さ 🌱🌱🌱🌱🌱

リトープス（冬型）

栽培のコツ
※生育型は品種により異なる。

置き場 多くは冬型だが、塊根性のメセンには夏型もある。夏型は通年日当たりのよい場所に。リトープス、コノフィツムなどの冬型は、秋〜春は日当たりのよい場所で、夏は風通しのよい明るい日陰に置く。冬は室内がよい。

水やり 生育期は表土が乾いたらたっぷり水を与える。生育期と休眠期の間は水やりを加減し調整する。

肥料 生育期に、緩効性固形肥料を2か月に1回程度、または薄めの液肥を1〜2週間に1回程度与える。

作業 頻繁に植え替えなくてもよいが、鉢土が古くなったり鉢が株でいっぱいになったりしたら植え替える。このとき株分けしてもよい。花が咲いた後は花がらを摘む。

病害虫 開花期に、カイガラムシやアブラムシが発生することがある。

根傷み　葉蒸れ

カレンダー ※冬型種の場合

	1月	2月	3月	4月	5月	6月	7月	8月	9月	10月	11月	12月
置き場	日当たりのよい室内			日向	風通しのよい明るい日陰					日向	日当たりのよい室内	
水やり	表土が乾いたら			少しずつ減らす	水やりは控えめ(乾燥時は葉水)					少しずつ増やす	表土が乾いたら	
肥料	置肥または薄めの液肥										置肥または薄めの液肥	
作業	植え替え、株分け									植え替え、株分け		
病害虫	カイガラムシ、アブラムシ									カイガラムシ、アブラムシ		

特徴

メセン類の自生地は南アフリカの乾燥地帯に集中していて、南極からの冷たい強風が吹く荒れ地です。1,000〜2,000種以上ありますが、流通が多いのはリトープスやコノフィツムなど小型の玉型メセンです。玉型メセンは冬型が多く、高温多湿を避けて管理します。

日輪玉（にちりんぎょく）

冬型。リトープス属。赤褐色の葉の表面にひび割れのような網目模様が入る。メセン類の中では大型種。

桜の園

冬型。コノフィツム属。グレーがかった緑の葉は「足袋型」といわれるV字形をしており、よく群生する。

Q コノフィツムがしわしわになってしまいました。

A 脱皮を控えた休眠期前なら問題ありません。生育期は根腐れの可能性があるので、腐った根を切り取り、3〜4日乾かしてから新しい土に挿します。表土が乾いたら霧吹きで湿らせ、通常の水やりはしわが減ってから行います。

多肉植物は根を切り取って植えつけても再生力がある。

Q メセン類の脱皮とはどんなものでしょうか。

A メセン類は左右一対の葉がくっつき、ひとつのかたまりのようになった姿が特徴的です。葉が古くなると、くっついていた中央部が割れ、その下に新しい葉を見せます。この状態を「脱皮」と呼んでいます。メセン類は休眠前の春に脱皮をくり返すことで大きく育ちます。古い葉が割れ始めたら水やりを控えめにすると、新しい葉が生長しやすくなります。

葉の中心が割れて脱皮するリトープス。

サボテンに似た姿やコーデックス状のものも多い

ユーフォルビア

- ●栽培 ⬥⬥⬥⬥⬥⬦
- ●日陰 種により異なる
- ●寒さ 種により異なる
- ●暑さ ⬥⬥⬥⬥⬥⬦

ミルクブッシュ（夏型）

樹形くずれ

栽培のコツ

※生育型は品種により異なる。

置き場 多くは夏型だが、冬型や春秋型も少しある。日当たりを好むので、春〜秋は屋外の風通しがよく日当たりのよい場所に置く。真夏は遮光する。冬は室内の日当たりのよい場所に置く。

水やり 生育期は表土が乾いたらたっぷりと水を与え、休眠期は水やりを控える。生育期と休眠期の間は、時期に合わせて加減し、調整する。

肥料 生育期に、緩効性固形肥料を2か月に1回程度、または薄めの液肥を1〜2週間に1回程度与える。

作業 植え替えは1〜2年に1回。枝が伸びすぎてフォルムがくずれたら剪定して形を整える。切り取った枝で挿し木できる。

病害虫 風通しが悪い場所に置くとカイガラムシやアブラムシがつきやすい。葉裏などをこまめにチェックする。

カレンダー ※夏型種の場合

	1月	2月	3月	4月	5月	6月	7月	8月	9月	10月	11月	12月
置き場	日当たりのよい室内			日当たりのよい場所(真夏の直射日光は避ける)							日当たりのよい室内	
水やり	水やりは控えめ			少しずつ増やす	表土が乾いたら				少しずつ減らす		水やりは控えめ	
肥料					置肥または薄めの液肥							
作業				植え替え、株分け、剪定、挿し木								
病害虫	カイガラムシ、アブラムシ											

特徴

ポインセチアもこの種類です。ほかに、サボテンのようなトゲをもったもの、茎だけで葉がないように見えるもの、塊根性のものなど、多彩です。茎や葉を傷つけると乳液を出します。これには毒性があるので、肌についたら洗い流し、ペットや子どもが誤食しないよう注意しましょう。

ユーフォルビア・プラティカーダ

夏型。くすんだピンク色の枝が特徴。夏の直射日光は避け、冬は暖かい場所に置く。

ユーフォルビア・ホワイトゴースト

夏型。耐陰性はあるが明るい場所に置くほうがよく育つ。冬は室内の暖かい場所に。

植え替え

株と鉢の大きさのバランスが悪くなってきたらひと回り大きな鉢に植え替えましょう。

1 生長したものは倒れて枝が折れる前に植え替えを。鉢土は乾かしておくと作業しやすい。

2 鉢から株を抜く。トゲのある株は革製のグローブを着用して作業を行う。

3 鉢に鉢底網と鉢底石を敷いて新しい土を入れ、株の高さを考えながら植えつける。

4 わりばしなどで土を突いて、根のすき間にも土を流す。ウォータースペースまで土を加える。

5 手で土をしっかり押さえ株を固定させる。10日ほど経ってから水やりを開始する。

植物索引

監修
佐藤 桃子（さとう・ももこ）

ハウスメーカーで造園や観葉植物に関するノウハウを学んだ後、観葉植物専門店に入社し、店長を務める。店舗や住宅のグリーンコーディネートや施工を行い、アフターサービスにも力を入れ、観葉植物の専門家として各種メディアでも活躍。2022年に株式会社Domuzに入社。オンラインストア「AND PLANTS」のプランツマネージャーとして日々グリーンに携わり、顧客からの信頼も厚い。著書に『INTERIOR GREEN　観葉植物と日常』『グリーンインテリア 観葉植物のある生活』（ともにブティック社）がある。
AND PLANTS　https://andplants.jp

取材協力
杉浦 功　仲森加奈子　花井さやか
福田英司　福田和香子　水口英樹　水口千聡

写真協力
株式会社Domuz
森田裕子
中居恵子
川崎市緑化センター
農研機構
PIXTA

STAFF
撮影　　　　丸山太一
本文デザイン　monostore（庭月野 楓　熊田愛子）
イラスト　　macco　酒井千絵
執筆協力　　中居恵子
校正　　　　渡邉郁夫
編集協力　　プライズヘッド（倉本由美）
編集担当　　ナツメ出版企画（澤幡明子）

選び方・育て方のコツがわかる！
観葉植物を楽しむ教科書

2023年6月6日　初版発行
2024年7月20日　第5刷発行

監修者　　佐藤 桃子　　　　　　　　　　Sato Momoko, 2023

発行者　　田村正隆
発行所　　株式会社ナツメ社
　　　　　東京都千代田区神田神保町1-52　ナツメ社ビル1F（〒101-0051）
　　　　　電話　03（3291）1257（代表）　FAX　03（3291）5761
　　　　　振替　00130-1-58661
制　作　　ナツメ出版企画株式会社
　　　　　東京都千代田区神田神保町1-52　ナツメ社ビル3F（〒101-0051）
　　　　　電話　03（3295）3921（代表）
印刷所　　広研印刷株式会社

ISBN978-4-8163-7382-4
Printed in Japan

ナツメ社Webサイト
https://www.natsume.co.jp
書籍の最新情報（正誤情報を含む）は
ナツメ社Webサイトをご覧ください。